名作バレエ70鑑賞入門

「物語」と「みどころ」がよくわかる

文・監修 渡辺真弓　写真 瀬戸秀美

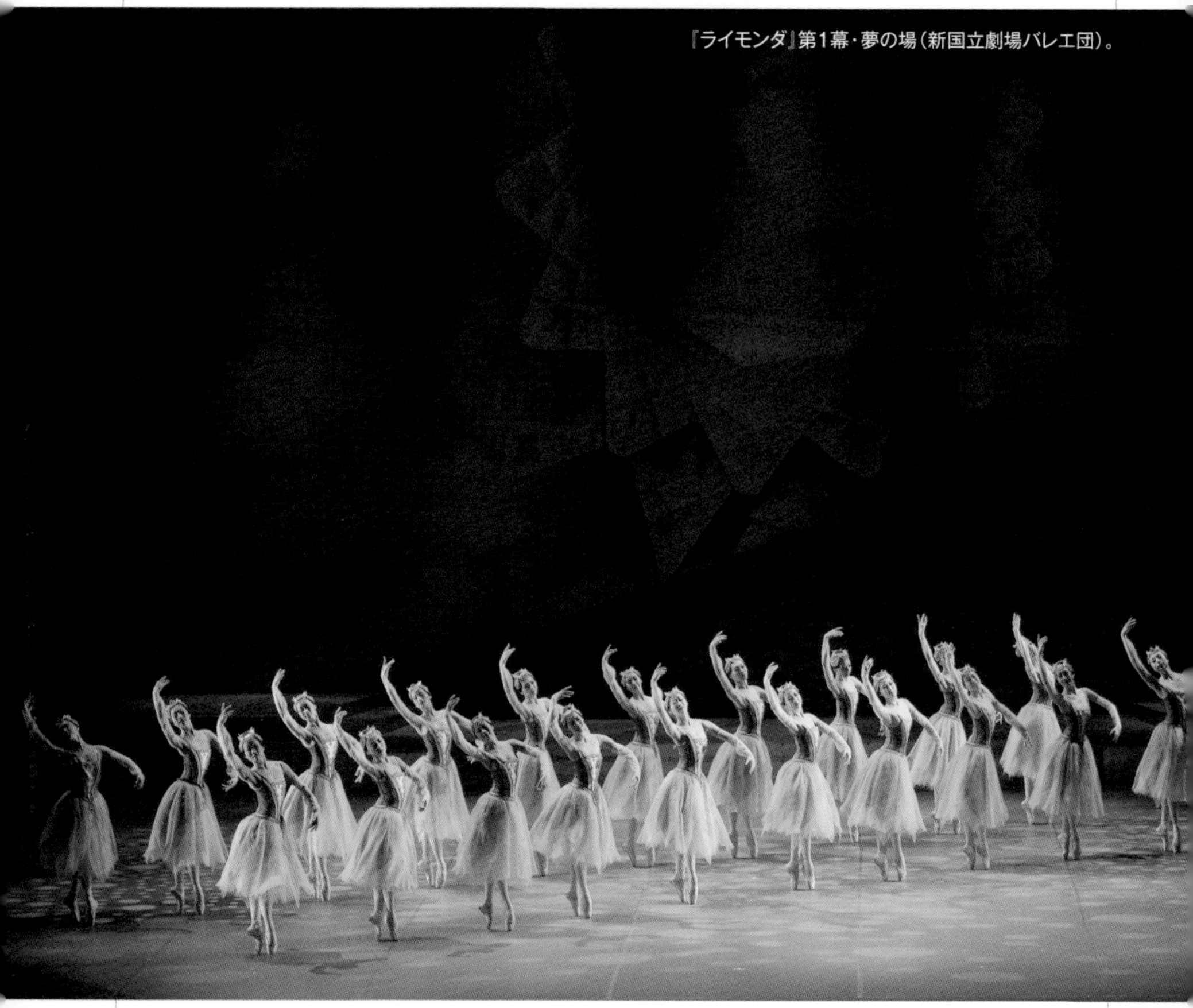

『ライモンダ』第1幕・夢の場（新国立劇場バレエ団）。

世界文化社

『パキータ』の名場面グラン・パより。ウリヤーナ・ロパートキナとダニーラ・コルスンツェフ（マリインスキー・バレエ団）。

魔法のような時間を楽しむ

バレエの世界への誘い

Introduction to The World of Ballet

バレエは、ルネサンス期のイタリアで生まれ、フランスで発展し、ロシアで開花した舞台芸術です。歴史的に、王侯貴族の娯楽として、その庇護のもとに繁栄したため、舞台には贅が尽くされ、音楽から、振付、装置、衣裳に至るまで、言わば総合芸術として目と耳を大いに楽しませてくれます。

19世紀の終わりに、帝政ロシアで誕生したチャイコフスキーの三大バレエは、栄華を極めた帝室バレエの絶頂期を象徴するような豪奢な舞台作りが特筆されます。とりわけ、フランス宮廷をモデルにしたプティパ振付の『眠れる森の美女』は、その絢爛豪華さにおいてほとんど並ぶものがないでしょう。

バレエの大きな魅力は、言葉がなくても、身体表現を通して、物語や感情を伝達できることです。そしてバレエには、物語を

『ジゼル』第2幕、ドロテ・ジルベールとマチュー・ガニオ(パリ・オペラ座バレエ団)。

楽しむだけではなく、見る者をあっと驚かせる工夫がさまざまに凝らされていて、そんな魔法のような世界を体験した時は、えも言われぬ幸福な気分に浸ることができるでしょう。

バレエの舞台には、ロマンティック・バレエの代表作『ジゼル』や『ラ・シルフィード』のように、妖精たちが行き交う神秘的な森や、遥か彼方の異国の世界といった現実離れした非日常の世界が登場する場合が多いです。こうした遠い世界に身を置くために、爪先で立つポワントの技法が著しく発展し、たちまちバレエのシンボルとなりました。バレリーナは、プリンセスや妖精に変身し、優美な姿を披露して、「美」の魅力で観客を陶酔させると同時に、ポワント技法を駆使したバランスや高い跳躍、連続した回転などの「技」で、興奮を呼び起こします。

20世紀を迎えると単なるロマンスに留まらず、現代にも通じる登場人物の心の機微を描いた物語バレエが次々に誕生。さらに、バランシンに代表されるように、物語性を排し、身体の動きそのものの美しさを探求した作品まで、バレエ芸術の作風は多彩さを極めていきます。19世紀生まれのクラシック・バレエは時代の流れと共に改訂され、現代的な「読み直し」が試みられるなど、その原形をとどめないほどに変化してきたものが多い、一方、歴史に埋もれた作品が復元される例も、増えてきました。

バレエは、生きた芸術で、これからも限りなく進化していく可能性を秘めています。そこには思わぬ出会いが待っているかもしれません。一人でも多くの方が、バレエの魅力に触れ、興味を深めてくれたらこれほど嬉しいことはありません。

スヴェトラーナ・ザハーロワの『瀕死の白鳥』。サン=サーンスの曲はチェロの演奏が通例のところ、ザハーロワは世界的ヴァイオリニストの夫、ヴァディム・レーピンのヴァイオリン演奏による共演でこの名作を踊っている。

名作バレエ70鑑賞入門 「物語」と「みどころ」がよくわかる

目次

バランシン振付『チャイコフスキー・パ・ド・ドゥ』
を踊るドロテ・ジルベールとユーゴ・マルシャン
（パリ・オペラ座バレエ団）。

バランシン振付『セレナーデ』（ニューヨーク・シティ・バレエ団）。

Chapter 2 「バレエ史を彩る」エポック・メイキング作品 ……109

*作品のあらすじは特に明記がない場合、一般的なストーリーをもとにしています。

1作品の舞台写真がすべて同一のバレエ団である場合、1カ所のみに記載しています。

*各作品の上演データは当時の呼称表記を採用。現在のマリインスキー・バレエ団は、1783年ペテルブルクで創立、ロシア帝政時代は「帝室バレエ団」、ソ連時代は「キーロフ・バレエ団」（1935～91年）、92年以降マリインスキー・バレエ団と改名しています。

*ABTはアメリカン・バレエ・シアター、NYCBはニューヨーク・シティ・バレエ団、ENBはイングリッシュ・ナショナル・バレエ、NDTはネザーランド・ダンス・シアターの略です。

*一部の演目解説では作品が誕生した時代背景やバレエの芸術性といった面を鑑みて、現代では人権を守るうえで不適切な表現を一部削除や訂正を行わず採用しています。

名作バレエ鑑賞入門

Chapter 1

「物語を楽しむ」名作バレエ

バレエには「言葉の壁」はありません。
感情表現は豊かな踊りで表され
音楽とダンサーの身体はひとつに融合し、
夢のような世界へと見る人すべてを誘う、
素晴らしい舞台芸術です。
初めて見るバレエ。繰り返し見るバレエ。
そのどちらにも、きっと役立つ
鑑賞のポイントをお届けしましょう。

スヴェトラーナ・ザハーロワが主演した
『ライモンダ』（新国立劇場バレエ団）より。

チャイコフスキーの名曲が奏でる古典バレエの最高傑作

白鳥の湖

チャイコフスキーの三大バレエの最初の作品。物語は、ドイツの白鳥伝説に基づき、白鳥の姿に変えられた王女オデットと、王子の真実の愛をテーマに展開される。オデットや白鳥たちの一糸乱れぬ群舞は、幻想的な美しさで、バレエ芸術の最高峰。

台本：ウラジーミル・ベギチェフ、ワシリー・ゲリツェル
音楽：ピョートル・イリイチ・チャイコフスキー
振付：ユリウス・ウェンツェル・ライジンガー
初演：1877年3月4日モスクワ、ボリショイ劇場
構成：全4幕

マリウス・プティパ、レフ・イワーノフによる改訂版
台本：モデスト・チャイコフスキー
初演：1895年1月27日ペテルブルク、マリインスキー劇場（帝室バレエ団）
構成：全3幕4場

その他の代表的な版

1901年	アレクサンドル・ゴルスキー版（ボリショイ・バレエ団）
1950年	コンスタンチン・セルゲーエフ版（キーロフ・バレエ団）
1953年	ウラジーミル・ブルメイステル版（モスクワ音楽劇場バレエ団）
1963年	ジョン・クランコ版（シュツットガルト・バレエ団）
1964／84年	ルドルフ・ヌレエフ版（ウィーン国立バレエ団／パリ・オペラ座バレエ団）
1969／2001年	ユーリー・グリゴローヴィチ版（ボリショイ・バレエ団）
1976年	ジョン・ノイマイヤー版（ハンブルク・バレエ団）
1987年	アンソニー・ダウエル版（英国ロイヤル・バレエ団）
1995年	マシュー・ボーン版（アドベンチャーズ・イン・モーション・ピクチャーズ）
2002年	グレアム・マーフィー版（オーストラリア・バレエ団）
2011年	ジャン=クリストフ・マイヨー版（モンテカルロ・バレエ団）
2014年	セルゲイ・ボブロフ版 ※1877年初演版復元（クラスノヤルスク・バレエ団）
2016年	アレクセイ・ラトマンスキー版 ※1895年版復元（チューリヒ・バレエ団／ミラノ・スカラ座バレエ団）
2018年	リアム・スカーレット版（英国ロイヤル・バレエ団）
2018年	マーティン・シュレップァー版（バレエ・アム・ライン）

あらすじ

第1幕：ここはドイツのある王国。城の近くの庭園で、王子ジークフリートの20歳の誕生日を祝い、人々が踊っている。そこへ王妃が入ってきて、息子である王子に、明日の舞踏会で、花嫁を選ぶように促す。青春時代に別れを告げることを憂える王子。友人たちの踊りに続いて、乾杯の踊りで祝宴は締めくくられる。遠くに白鳥の群れが飛んで行くのを見た王子は、狩りに出かけようと、弓を手に湖へ向かう。

第2幕：森の中の湖のほとり。有名な「白鳥のテーマ」が前奏曲として流れる。悪魔ロットバルトが姿を現す。湖に来た王子は、一羽の白鳥を見つけ、矢を射ようとするが、美しい王女の姿を見て驚く。王女は名をオデットといい、悪魔の魔法によって白鳥の姿に変えられ、人間の姿に戻れるのは夜の間だけという不幸な身の上について語る。永遠の愛こそがオデットを魔法から救うと知った王子はオデットに愛を誓う。再び悪魔が現れ、オデットを連れ去る。王子は、愛するオデットを救おうと固く決意する。

第3幕：城の大広間。舞踏会には、各国から花嫁候補の令嬢たちが招かれ、宴たけなわ。そこへファンファーレが鳴り響き、悪魔ロットバルトに連れられて、娘のオディールがやってくる。

第2幕。湖畔でジークフリート王子（デニス・ロヂキン）は白鳥の姿に変えられた王女オデット（スヴェトラーナ・ザハーロワ）と出会う（ボリショイ・バレエ団）。

第1幕、王子の誕生日を祝って城の庭には友人たちが集い、ワルツが踊られる。

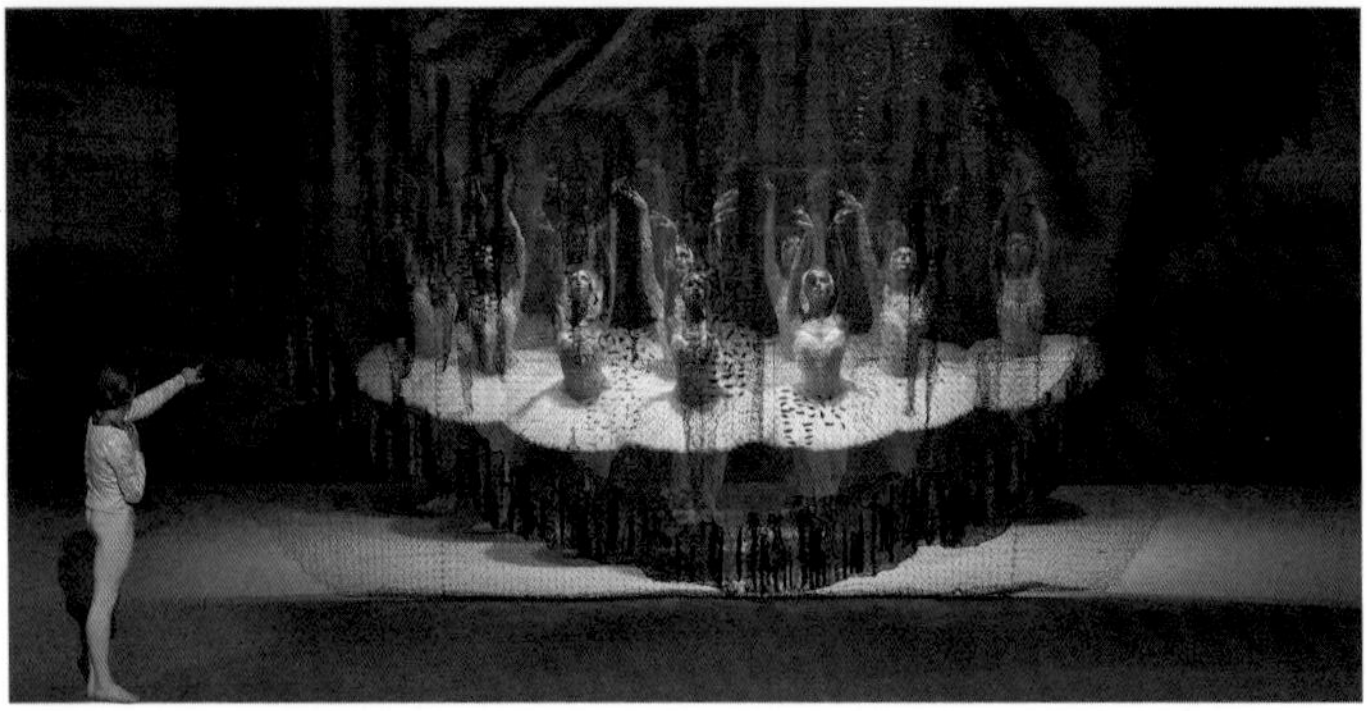

魔法にかけられた白鳥を紗幕で表すグリゴローヴィチ版。オデットが死ぬ悲劇で終わる。

王子は、その魅力に惹かれ、黒鳥オディールをオデットと勘違いし、花嫁に選んでしまう。その瞬間、城の外に、王子の裏切りを嘆き悲しむオデットの姿が見える。悪魔の計略にはまったことに気づいた王子は、絶望し、オデットの後を追う。

第4幕：再び湖のほとり。傷心のオデットが仲間のもとに戻ってくる。王子が、許しを乞いにやってくるが、もはやどうすることもできない。嵐がやってきて、オデットは湖に身を投げ、王子もその後を追う。真実の愛の力によって悪魔は滅び、二人はあの世で永遠に結ばれる（この結末は、プティパ／イワーノフ版に大体準拠している。そのほか初演のように、オデットと王子が波にのまれて消える悲劇的な結末もあれば、ソ連時代に多く見られたように、王子が悪魔を打ち倒し、主役二人が結ばれる「ハッピーエンド」もある）。

さまざまな改訂版が生まれてきた中で画期的なのが、ブルメイステル版。プロローグとエピ

悪魔の魔法によって白鳥に姿を変えられたオデット姫。人間の姿に戻るのは夜の間だけだった。コール・ド・バレエの様式美も魅力の第2幕。

ローグを設け、冒頭で王女オデットがロットバルトの魔法によって白鳥の姿に変えられる過程を示し、最後に、魔法から解き放たれたオデットが、人間の姿に戻って、王子と結ばれるという結末にし、ドラマに一貫性をもたせた点が特徴である。

みどころ

『白鳥の湖』の見どころと言えば、やはり第2幕の湖の場面。オデットと白鳥たちによる「バレエ・ブラン」の優美な世界が堪能できる。まず冒頭、オデットが登場する瞬間に注目したい。神秘的な音楽と共に、舞台の袖から優美な姿を見せると、王子ならずとも、思わず胸がときめく。二人の出会いに続いて、永遠の愛を誓うアダージョは詩情が溢れ、全編の白眉。

小さな4羽の白鳥の愛らしい踊りや、大きな白鳥のダイナミックな踊り、そして一糸乱れぬ白鳥の整然とした群舞もまた、見逃せない。

第3幕最大の見どころは、黒鳥のグラン・パ・ド・ドゥ。ここでは、オディールの32回のグラン・フェッテが最高難度のテクニックとして、プリマの技量の見せどころである。王子の気品溢れる踊りにも見応えがある。また、黒鳥の登場に先立って踊られる各国の王女たちの踊りや、スペイン、ハンガリー、イタリア、ポーランドなどの民族舞踊も目を楽しませる。

第1幕で王子の友人たちによって踊られるパ・ド・トロワは、準主役級のソリストが技を競い合うので、見応え十分である。ロシアに多く見られる道化が登場する版では、第1幕や第3幕で、回転の大技が披露され、拍手をさらう。

第3幕、花嫁を選ぶ舞踏会に現れた、悪魔の娘オディールをオデットと思い込み、王子は永遠の愛を誓う。

名作誕生ストーリー

初演は失敗作とされた『白鳥の湖』の真実

『白鳥の湖』は、モスクワで初演されたが、初演は失敗というのが通説になっていた。しかし、最近の研究では、必ずしも失敗とはいえないとされ、まだまだ検証の余地を残している。実際、初演から6年の間に41回の上演を数えたのは、当時の新作バレエとしては珍しいことだった。

1883年を最後に、モスクワで上演されなくなった後、復活したのは、1894年、ペテルブルクであった。これは、チャイコフスキーの追悼公演として、第2幕のみの上演であったが、その翌年の1895年、全幕上演がプティパとイワーノフによってなされる。主演はピエリーナ・レニャーニで、この時、第3幕で披露した32回のグラン・フェッテが称賛を浴び、公演は大成功を収めた。

第3幕では、スペイン、ハンガリー、イタリア、ポーランド、ロシアから花嫁候補として招かれた王女たちが諸国の踊りを見せ、目を楽しませてくれる。

次々と生まれる「白鳥の湖」の新たなバージョン

ヌレエフ版からマシュー・ボーン版まで 多様な新版を生み出す魅力

近年では、王子の深層心理に迫ったヌレエフ版のように、王子にスポットを当てた解釈が目立っている。ババリア王ルートヴィヒの幻想とした、ジョン・ノイマイヤー版『幻想〜「白鳥の湖」のように』(1976年ハンブルク・バレエ団)、孤独な王子が主人公のマッツ・エック版(1987年クルベリ・バレエ団)、男性が白鳥を演じてセンセーションを巻き起こしたマシュー・ボーン版(1995年アドベンチャーズ・イン・モーション・ピクチャーズ)、そして、英国王室のスキャンダルをモデルにしたグレアム・マーフィー版(2002年オーストラリア・バレエ団)など、次々に新版が生まれた。いつの時代にも振付家たちの想像力をかき立ててやまない奥深い魅力が、この作品には秘められている。

英国ロイヤル・バレエの 華麗な改訂版

2018年に英国ロイヤル・バレエ団が発表したリアム・スカーレットの演出・振付による新版は、ハリウッド映画並みの豪華絢爛さで大成功を収めた。1987年のダウエル版から31年ぶり、バレエ団の威信をかけた制作である。370点もの衣裳に、ベテラン、ジョン・マクファーレンが手がけた装置が非常に大掛かり。何重ものネックレスに彩られ、燦然と輝く王妃のドレスなど隅々に英国王室への表敬が感じられる。演出では、悪魔のロットバルトが、王妃の顧問として宮廷に潜入し、王位を狙うという設定からしてユニーク。序奏で、王女オデットが悪魔によって白鳥の姿に変身するのはブルメイステル版を思わせ、終幕で、オデットも王子も湖に身を投げ、悲劇的な結末を迎えるのは衝撃的である。

英国王室に嫁いだダイアナ王妃の悲劇を、『白鳥の湖』に大胆に置き換えたグレアム・マーフィー版。冒頭はロイヤル・ウエディングから始まる(オーストラリア・バレエ団)。

クリスマスに少女が夢見た幻想　怪奇とロマンの世界

くるみ割り人形

チャイコフスキーの最後のバレエ音楽。その名旋律は、組曲としても有名。
クリスマスの夜、少女クララ（ロシアではマーシャ）は素敵な夢を見る。名付け親のドロッセルマイヤーから贈られたくるみ割り人形が、王子に変身し、一緒にお菓子の国を旅する。

あらすじ

第1幕：ドイツのシュタールバウム家のクリスマス・イヴ。広間には、クリスマス・ツリーが美しく飾り付けられ、招かれた人々が次々に到着する。クララの名付け親のドロッセルマイヤーが、子供たちにプレゼントを持ってやってくる。人形劇が始まり、自動人形たちが踊り出すと、子供たちは大喜び。ドロッセルマイヤーは、クララにくるみ割り人形をプレゼントする。クララは、人形を大切に抱きしめるが、それを見ていた兄のフリッツが、人形を奪って壊してしまう。クララが嘆き悲しんでいると、ドロッセルマイヤーが優しく人形を直してくれる。夜もふけて、来客たちは皆帰っていく。

真夜中の部屋。クララは、くるみ割り人形のことが気になって寝つけない。時計が12時を打つと、不思議なことが起こり始める。どこからかねずみが忍び込んできて、いつの間にか部屋に溢れている。クリスマス・ツリーがぐんぐん伸びていく。くるみ割り人形が、兵隊人形たちを率いて、ねずみの軍隊と戦闘開始。最後にくるみ割り人形とねずみの王との一騎打ちとなる。クララは、思わずねずみの王にスリッパを投げつけ窮地を救う。ねずみの軍隊は王と共に退散する。クララの目の前に立ってい

原作：E・T・A・ホフマン『くるみ割り人形とねずみの王様』に基づきアレクサンドル・デュマが翻案した『くるみ割り人形の物語』
台本：マリウス・プティパ
音楽：ピョートル・イリイチ・チャイコフスキー
振付：レフ・イワーノフ
初演：1892年12月18日ペテルブルク、マリインスキー劇場（帝室バレエ団）
構成：全2幕
その他の代表的な版：

1919年	アレクサンドル・ゴルスキー版（ボリショイ・バレエ団）
1934年	ワシリー・ワイノーネン版（キーロフ・バレエ団）
1934年	ニコライ・セルゲーエフ版（ヴィック・ウェルズ・バレエ団）
1954年	ジョージ・バランシン版（NYCB）
1966年	ユーリー・グリゴローヴィチ版（ボリショイ・バレエ団）
1971年	ジョン・ノイマイヤー版（フランクフルト・バレエ団）
1984年	ピーター・ライト版（英国ロイヤル・バレエ団）
1985年	ルドルフ・ヌレエフ版（パリ・オペラ座バレエ団）
1992年	グレアム・マーフィー版（オーストラリア・バレエ団）
1998年	モーリス・ベジャール版（モーリス・ベジャール・バレエ団）
2001年	シェミヤキン／シーモノフ版（マリインスキー・バレエ団）
2010年	アレクセイ・ラトマンスキー版（ABT）
2013年	ナチョ・ドゥアト版（ミハイロフスキー劇場バレエ団）
2013年	ジャン=クリストフ・マイヨー版（モンテカルロ・バレエ団）
2016年	アーサー・ピタ、シディ・ラルビ・シェルカウイ、エドアール・ロック共同振付（パリ・オペラ座バレエ団）
2017年	ウエイン・イーグリング版（新国立劇場バレエ団）

『くるみ割り人形』第2幕のお菓子の国。チョコレートやコーヒー、お茶などの踊りが続き、花のワルツ、金平糖の精のパ・ド・ドゥまで、少女の夢の世界が描かれる（ワガノワ・バレエ・アカデミー）。

右／人々が帰った真夜中。広間には、ねずみの軍隊が現れて、兵隊人形たちと戦闘シーンに。

下／第1幕、大勢のお客さまが集まったシュタールバウム家の広間。クリスマス・ツリーの下で、自動人形のアルルカンが軽快に踊り出す。

ドロッセルマイヤーは、クララの名付け親。子供たち向けの人形劇の余興で、場を盛り上げる。手にしているのはくるみ割り人形。

るのは、くるみ割り人形が変身した美しい王子である。

気がつくと、そこは一面の銀世界。雪の精たちが二人を出迎え、優雅に舞う。クララは、王子と一緒にお菓子の国へ向かう。

第2幕：お菓子の国。クララと王子は、お菓子の国に到着。二人のために、さまざまな踊りが繰り広げられる。チョコレート（スペインの踊り）、コーヒー（アラビアの踊り）、お茶（中国の踊り）、トレパック（ロシアの踊り）、あし笛（フランスの踊り）、キャンディー（ギゴーニュおばさん）。続いて、花のワルツがあり、最後に、金平糖の精（演出によってはクララ）が王子とパ・ド・ドゥを踊る。魅惑的な時はまたたく間に過ぎ、クララは、お菓子の国に別れを告げる。夢から覚めたクララは、くるみ割り人形をしっかりと胸に抱きしめる。

ねずみの王と戦った、くるみ割り人形を危機一髪のところで助けたマーシャ（クララ）。すると、目の前に美しい王子が現れる。

みどころ

何と言ってもチャイコフスキーの魅惑的な音楽に導かれて進行する舞台が夢のように美しい。

第1幕、クリスマス・パーティーのシーンが演劇的なのに対し、第2幕、お菓子の国のディヴェルティスマンは、多彩な舞踊シーンが楽しめる構成。第1幕では、魔法を使うドロッセルマイヤーのアクションに注目したい。子供たちに、プレゼントを贈ったり、コロンビーヌやアルルカンといった自動人形の踊りを見せて、皆を喜ばせてくれる。兵隊人形とねずみの軍隊の戦いのシーンは、勇ましく軽快な音楽とマッチし、気持ちまで弾むようだ。続く雪の世界は、一転して純白のロマンティックな世界。真っ白なチュチュを身につけた雪の精たちの群舞が幻想的である。

第2幕のお菓子の国のディヴェルティスマンは、まずソリストたちによる色彩豊かな各国の踊りが見もの。続く《花のワルツ》では、花が咲き誇ったような群舞が優雅。そしてクライマックスとなるのが、金平糖の精と王子によるグラン・パ・ド・ドゥ。音楽も重厚かつ華麗な名曲で、金平糖の精のヴァリエーションは、チェレスタの甘美な響きと共に大変親しまれている。

主役は大人か子供か

このバレエの演出上、一番大きな違いは、主人公のクララを子役か、大人のバレリーナが踊るかという点にある。初演の際は、クララは子役で、金平糖の精は大人が踊ったが、主役のバレリーナの出番が少なく、評判は芳しくなかったようである。クララ役を最初から大人のバレリーナが踊るようになったのは、1920年代にロプホーフが改訂を行って以来のことで、この時に、主人公の名前はクララからマーシャとなった。これをもとに誕生したワイノーネン版が、現在ロシアにおけるスタンダードな演出として定着している。なお、ライト版やバランシン版では、クララを子供が演じている。

独創的なヌレエフ版など

クララを一人のバレリーナが演じて成功した例の一つがヌレエフ版である。クララの心理を掘り下げ、少女がひそかに憧れるドロッセルマイヤーが夢の中で王子に変身して、クララと一緒に旅をするという設定。隻眼のドロッセルマイヤーが、颯爽とした王子に変身する場面も見どころである。

従来のイメージを一新したのが、オーストラリア・バレエ団の創立30周年に際して初演されたマーフィー版（1992年）。ここには、雪の降るクリスマスの場面もなく、ドロッセルマイヤーも登場しない。帝政ロシアのバレリーナであった老クララの思い出の世界を描いたのがユニークだ。

雪の精の踊り。ワガノワ・バレエ・アカデミーも出演する『くるみ割り人形』公演は、マリインスキー劇場の年末年始の恒例の行事となっている。

永遠の美　チャイコフスキー三大バレエ

ロシア・バレエの黄金期の結晶　絢爛豪華な大作

眠れる森の美女

チャイコフスキーの三大バレエの中で最も絢爛豪華な大作。ペローの童話をもとに、呪いにかけられ100年の眠りについたオーロラ姫が王子の接吻によって目覚める物語。〝太陽王〟ルイ14世時代のフランス宮廷をモデルにした、きらびやかな舞台が美しい。

原作：シャルル・ペロー
台本：イヴァン・フセヴォロジスキー、マリウス・プティパ
音楽：ピョートル・イリイチ・チャイコフスキー
振付：マリウス・プティパ
初演：1890年1月15日ペテルブルク、
マリインスキー劇場（帝室バレエ団）
構成：プロローグ付き全3幕
その他の代表的な版：
1921年　ニコライ・セルゲーエフ、
ブロニスラワ・ニジンスカ版（バレエ・リュス）
1946年　N・セルゲーエフ／フレデリック・アシュトン／
ニネット・ド・ヴァロワ版
（サドラーズ・ウェルズ・バレエ団）
1952年　コンスタンチン・セルゲーエフ版
（キーロフ・バレエ団）
1966／89年　ルドルフ・ヌレエフ版
（ミラノ・スカラ座バレエ団／パリ・オペラ座
バレエ団）
1973年　ケネス・マクミラン版
（英国ロイヤル・バレエ団）
1973／2011年　ユーリー・グリゴローヴィチ版
（ボリショイ・バレエ団）
1984年　ピーター・ライト版
（サドラーズ・ウェルズ・ロイヤル・バレエ団＝
現バーミンガム・ロイヤル・バレエ団）
1994年　アンソニー・ダウエル版
（英国ロイヤル・バレエ団）
1999年　セルゲイ・ヴィハレフ版
（マリインスキー・バレエ団）
2006年　モニカ・メイスン版
（英国ロイヤル・バレエ団）
2011年　ナチョ・ドゥアト版
（ミハイロフスキー劇場バレエ団）
2012年　マシュー・ボーン版
（アドベンチャーズ・イン・モーション・
ピクチャーズ）
2015年　アレクセイ・ラトマンスキー版
（ABT/ミラノ・スカラ座バレエ団）

あらすじ

プロローグ：フロレスタン王の宮廷では、オーロラ姫の誕生を祝う命名式が行われている。善の精リラをはじめ、優しさの精、元気の精、鷹揚さの精、勇気の精、のんきの精という6人の妖精がやってきて、オーロラ姫に贈り物を授けていく。突然辺りが暗くなり、悪の精カラボスが手下を引き連れてくる。カラボスは、自分が招かれなかったことを怒り、姫が成長し、16歳を迎えた誕生日に、糸紡ぎの針に指を刺されて永遠の眠りにつくだろうと、呪いをかける。そこへリラの精が進み出て、姫は、永遠に眠るのではなく、美しい王子の接吻によって目覚めるだろう、と呪いを和らげる。国王は、国中の針の使用を禁止する。

第1幕：オーロラ姫の16歳の誕生日。宮殿の前で、娘たちが、禁止されている針を使って仕事をしているところをとがめられる。そこへ国王の一行が通りかかる。王は、オーロラ姫に求婚にきた4人の王子を連れてきた

第3幕、100年の眠りから覚めたオーロラ姫の結婚式。

第1幕、16歳の誕生日を迎えたオーロラ姫（アンナ・ニクリーナ）は、4人の求婚者とローズ・アダージョを踊り、幸福感が舞台に満ち溢れる（ボリショイ・バレエ団）。

のである。お祝いの日に免じて、娘たちは、針仕事の罪を許され、自由の身となる。

庭園では、祝宴のワルツが始まる。美しく成長したオーロラ姫が登場。4人の王子たちは、姫に踊りを申し込む。初々しく、可憐に応えるオーロラ姫。そこへ怪しい老婆が現れ、姫に花束を贈る。花束を手に取った姫は、中に隠されていた針で指を刺して気を失う。老婆に変装していたカラボスは、その正体を現し、高笑いしながら消えていく。悲しむ国王たちの前に、リラの精が現れ、「姫は、100年の眠りにつくだけ」と慰め、城は、姫と共に深い眠りに閉ざされる。

第2幕第1場：100年の歳月が過ぎ、デジーレ王子が貴族たちと森に狩猟に訪れる。独りになった王子のもとに、リラの精が現れ、オーロラ姫の幻影を呼び出す。その美しさに魅了され、近づこうとすると、幻影は消えてしまう。王子は、リラの精に導かれ、小舟に乗って、姫の眠る森へと向かう。

第2幕第2場：オーロラ姫の眠る城。城の周りは、木が生い茂り、カラボスと手下たちが見張っていて、誰も近づけない。王子は、カラボスたちを追い払い、姫の眠る部屋へと急ぐ。眠っているオーロラ姫のもとに、王子が駆け寄り、姫に口づけすると、姫は目を覚ます。王国全体も眠りから覚め、燦然とした輝きを取り戻す。

第3幕：オーロラ姫とデジーレ王子の結婚式。城の大広間で、豪華な結婚式が行われる。ペローの童話の主人公たちによる多彩なディヴェルティスマンの数々。最後に、オーロラ姫とデジーレ王子が踊り、二人の永遠の幸福と王国の繁栄を願って、幕が下りる。

みどころ

チャイコフスキーの夢見るように美しい旋律に乗せた、典雅でスケールの大きい舞台は、フランスの宮廷をモデルとしたもので、華やかなりし帝室ロシア・バレエの栄光を偲ぶのに十分である。

主役のオーロラ姫は、バレリーナにとっては非常に演じがいのある大役。お姫様らしい気品と優雅さが求められるうえ、第1幕から第3幕まで数多い出番を踊り抜く体力が必要とされる。第1幕で、4人の王子と踊る《ローズ・アダージョ》では、長く片足で立ったままバランスを披露する大きな見せ場がある。第2幕は、幻影となって、王子を魅了する姿が見ものである。第3幕の最後に踊られる、王子とのグラン・パ・ド・ドゥは、このバレエ最大のハイライト。互いに、華やかな技巧を披露し、大団円を迎える。

プロローグの、リラの精を筆頭にした6人の妖精の踊りは、それぞれの性格がよく表れ、異なる雰囲気の踊りが目を楽しませてくれる。

第3幕の結婚式のお祝いのディヴェルティスマンでは、金や銀の宝石の踊りをはじめ、青い鳥とフロリナ王女、シンデレラ、赤ずきん、長靴をはいた猫などペローの童話の主人公たちの踊りが次々に繰り広げられ、童話の世界が華麗な舞踊シーンによって、たっぷりと堪能できる。

青い鳥とフロリナ王女のパ・ド・ドゥ。単独で踊られることも多い。

上／祝典のプロローグ。下／オーローラ姫（エカテリーナ・クリサノワ）の幻影と踊る王子（セミョーン・チュージン）。

ペローの原作に沿ったマイヨー版

プティパ版では、ペローの童話の後半部分が、残酷だとして省略されている。その話とは、結婚した姫と王子の間に、2人の子供が生まれる。しかし、王子の母である王妃は人食い鬼で、王子の留守の間に、姫と子供たちを食べてしまおうとする。間一髪のところを王子が助け、王妃は死んでしまうというものである。

この部分を物語に加えて、新しい解釈を試みたのが、モンテカルロ・バレエ団の芸術監督、ジャン=クリストフ・マイヨー。『ラ・ベル(美女)』と題されたこの新版は、2001年に発表され、日本にも紹介されている。オーローラ姫が、巨大なシャボン玉に入って登場するなど、大胆な視覚効果と「読み直し」で話題を集めた。

画期的なプティパの原典版復元

プティパが描いた舞台はどうであったのか。この疑問に答えたのが、1999年、マリインスキー・バレエ団で復活上演されたプティパの原典版である。復元の作業に尽力したのは、同バレエ団団員のセルゲイ・ヴィハレフ。当時の舞踊譜および舞台装置や衣裳のスケッチを丹念に検証しながら、ほぼ1世紀ぶりに、帝室バレエの黄金期を象徴する華麗な舞台を蘇らせた。極彩色の装置に衣裳、多数の登場人物を配した壮大なスペクタクルは、改めて作曲家と振付家の親密な協力関係を浮き彫りにした。

ヴィハレフは、このほか、『ラ・バヤデール』『フローラの目覚め』『ライモンダ』など数多くのプティパのバレエを復元し、功績を残した。

上／第3幕、オーロラ姫(クリサノワ)とデジーレ王子(チュージン)の技巧を極めたグラン・パ・ド・ドゥを経て、舞台は大円団を迎える。中央奥には祝福するリラの精。ボリショイ劇場ならではの華麗な舞台は歴史絵巻そのもの。

右ページ／第2幕、美しく成人したオーロラ姫(クリサノワ)のもと、外国から4人の王子が求婚に訪れる。

名場面に魅了されるクラシック・バレエ

のどかな田園ロマンス　現存する最古のバレエ

リーズの結婚（ラ・フィーユ・マル・ガルデ）

フランス革命前夜に生まれた、のどかな田園ロマンスを描いたバレエ。
台本のみが伝わり、異なる音楽により多彩な演出が生まれた。『ラ・フィーユ・マル・ガルデ』は、
「監視の行き届かなかった娘」の意で、日本では、『リーズの結婚』の題で親しまれている。

あらすじ

第1幕第1場：農場。リーズは、未亡人の農場主シモーヌの一人娘で、若い農夫のコーラスと愛し合っている。しかし、シモーヌは、娘を金持ちの息子アランに嫁がせたいと思っている。リーズは、母親に言いつけられた仕事の手を休めて、コーラスと仲むつまじく愛を語らう。

そこへ現れたのは、金持ちのぶどう園主のトーマスと息子のアラン。リーズを息子の嫁にと申し込みに来たのである。リーズは、おかしな格好のアランを見て思わず吹き出してしまう。リーズは、村人たちと麦畑へ刈り入れに行く。

第1幕第2場：麦畑。収穫祭を迎え、農夫たちが忙しく働いているところへ、リーズたちが到着する。しばらくすると、リーズはコーラスと逃げ出してしまい、とり残されたアランは皆にからかわれる。人々が収穫の喜びを祝いながら踊り、リーズとコーラスも踊りの輪に加わる。それも束の間、嵐がやってきて、皆散り散りになる。

第2幕：シモーヌの家の中。リーズもシモーヌもずぶぬれで家へたどり着く。シモーヌは、リーズを家に閉じこめて、一緒に糸紡ぎを始める。リーズは、コーラスのことが気がかりだ。やがて、農夫たちが麦の束を運んでくる。農夫たちをねぎらうために、シモーヌも出ていく。

台本・振付：ジャン・ドーベルヴァル

音楽：フランス民謡ほか

初演：1789年7月1日ボルドー大劇場
原題『藁のバレエ、善と悪は紙一重』

構成：全2幕

その他の代表的な版：
1791年　ジャン・ドーベルヴァル版
『ラ・フィーユ・マル・ガルデ』と改題
（ロンドン、パンテオン劇場）
1818年　シャルル=ルイ・ディドロ版
『リーザとコーラ、あるいは無益な用心』
（ペテルブルク、ボリショイ劇場）
1989年　イヴォ・クラメールによる復元
（ナント歌劇場）

別の音楽を使った版：
❶音楽：ルイ=ジョゼフ・フェルディナン・エロルド
1828年　ジャン=ピエール・オメール版
（パリ・オペラ座）
1960年　フレデリック・アシュトン版
（英国ロイヤル・バレエ団）
❷音楽：ペーテル・ルートヴィヒ・ヘルテル
1864年　ポール・タリオーニ版
（ベルリン王立歌劇場）
1885年　マリウス・プティパ／レフ・イワーノフ版
『無益な用心』
（ペテルブルク、ボリショイ劇場）
1940年　ブロニスラワ・ニジンスカ版
（バレエ・シアター＝のちのABT）

田園を舞台に若い男女の恋愛劇がコメディ・タッチで進んでいく（英国ロイヤル・バレエ団）。

アイディアは版画から

ドーベルヴァルが、このバレエのテーマを思いついたのは、『母親に叱られた娘』(P・A・ボードワン作)という一枚の版画からであったという。当時、パリ・オペラ座を離れ、ボルドーで活躍していた振付家ドーベルヴァルは、新しいバレエのテーマを見つけることに余念がなかった。ある日、一枚の版画に目が留まる。そこに描かれていたのは、納屋の中で、母親に叱られた娘と去っていく青年の後ろ姿。新作のテーマはすぐに決まった。庶民の自由な恋愛を描いたバレエは、新しい時代の到来を告げることになる。

リーズ(ロベルタ・マルケス)とコーラス(スティーブン・マックレー)。

リーズが、幸せな結婚を思い描いていると、麦の束の陰からコーラスが飛び出してくる。うれしさに抱き合う二人。窓からシモーヌの姿を見かけたリーズは、急いでコーラスを寝室に隠す。シモーヌが戻ってきて、リーズを寝室へ閉じ込める。その間に、アランと父親が、公証人とやってきて、婚約の証書にサインをする。アランが寝室の扉を開けると、驚いたことに目の前にいるのはリーズとコーラス。二人の愛の強さに打たれたシモーヌは、結婚を認め、二人はめでたく結ばれる。

みどころ

エロルドの音楽に振り付けられたアシュトン版は、英国の演劇の伝統を受け継ぎ、演出にきめ細かい工夫が凝らされているのが特徴。一方、ヘルテルの音楽は、ロシアで採用され、プティパ／イワーノフの演出の流れを汲むニジンスカ版がアメリカに伝えられた。淀みなく流れるような振付による舞踊シーンが充実し、見応えがある(日本ではNBAバレエ団が上演)。

リーズとコーラスのロマンティックなパ・ド・ドゥは人気が高く、単独でもしばしば踊られる。アシュトン版では、19世紀にファニー・エルスラーが踊った時に使ったパ・ド・ドゥの音楽(ドニゼッティのオペラ『愛の妙薬』など)が用いられている。リーズの母親シモーヌは、男性による〝女形〟で演じられる場合が多く、非常にユーモラス。また木靴の踊りを披露することもある。アランは、狂言回し的な重要な役どころ。

リボンを使ったメイポール・ダンスをはじめ農民たちの踊りなどが十分に目を楽しませる。

名場面に魅了されるクラシック・バレエ

ロマンティック時代の到来を告げた幻想的な妖精の世界

ラ・シルフィード

スコットランドを舞台に、シルフィード(妖精)と青年の結ばれぬ恋を描いた物語で、19世紀ロマンティック・バレエの始まりとされる。当時珍しかったポワント技法を披露したマリー・タリオーニの空気のように軽やかな名演が長く語り継がれている。

原作	シャルル・ノディエ『トリルビーあるいはアーガイルの妖精』
台本	アドルフ・ヌリ
構成	全2幕
●フィリッポ・タリオーニ版	
音楽	ジャン=マドレーヌ・シュナイツホーファー
初演	1832年3月12日パリ・オペラ座(1972年ピエール・ラコットによって蘇演)
●オーギュスト・ブルノンヴィル版	
音楽	ヘルマン・レーヴェンスヨルド
初演	1836年11月28日デンマーク王立劇場

あらすじ

第1幕:スコットランドの農家。暖炉のそばで、青年ジェームスが椅子にかけてまどろんでいる。その傍らには、ジェームスに恋したシルフィードがひざまずいている。シルフィードのキスで、目が覚めたジェームスは、その愛らしさに心を奪われ追いかけるが、シルフィードは暖炉の中に姿を消す。今日は、幼なじみのエフィーとの結婚式というのに、ジェームスはシルフィードに夢中である。一方、ジェームスの友人ガーンは、エフィーに心を寄せている。そこへ現れたのが魔女のマッジ。手相を見て、エフィーとジェームスは結ばれず、彼女を幸せにできるのはガーンであると告げる。怒ったジェームスは、マッジを家から追い出す。広間では結婚の祝宴の真っ最中。シルフィードが入ってきて、ジェームスの結婚指輪を奪って飛んでいく。ジェームスは、シルフィードを追いかけて森へ向かう。途方に暮れるエフィーにガーンが求婚する。

第2幕:森の中。魔女のマッジが、ジェームスに復讐するため

舞台はスコットランド。村人のタータンチェックの衣裳が特徴的で、男性はキルトと呼ばれるハイランド地方のボトムズを着用(パリ・オペラ座バレエ団)。

上／妖精シルフィード（ミリアム・ウルド=ブラーム）とジェームス（マチアス・エイマン）、その婚約者エフィー（レオノール・ボラック）のパ・ド・トロワ。下／結婚相手がいながら、美しい妖精に魅入られるジェームス。

第1幕、魔女のマッジはエフィーの手相占いをすると、婚約者ジェームスと結ばれることはないと告げる。

に、ヴェールに毒をしみこませている。ジェームスが森にやってきて、なんとか、シルフィードをとらえようとするが、逃げられてしまう。そこへマッジが現れ、魔法のヴェールを渡す。ジェームスがヴェールを見せると、シルフィードは関心を示して追いかける。ジェームスがシルフィードにヴェールをかけた途端、背中の羽が抜け落ち、シルフィードはジェームスの腕の中で息絶えてしまう。勝ち誇ったマッジが現れ、ジェームスに、エフィーとガーンの結婚式の行列を見せる。すべてを失ったジェームスは、絶望の果てに地面に崩れ落ちる。

みどころ

ブルノンヴィル版には、現在ほとんど失われてしまった純粋なロマンティック・バレエのスタイルが残されている。マイムによって物語が自然に進行していくのが特徴で、例えば、魔女マッジの大時代的なマイムは往時を偲ばせる。振付は、弾むようなステップや敏捷な足さばきなどに特色がある。第2幕のシルフィードとジェームスのパ・ド・ドゥは優雅で全編のハイライト。

一方、タリオーニ版（ラコット版）の方は、20世紀後半になって、新たに振り付けし直されたものなので、洗練されたダイナミックなテクニックがふんだんに盛り込まれている。シルフィードとジェームスのソロやパ・ド・ドゥのほか、第1幕のエフィーを加えたパ・ド・トロワ、農民のパ・ド・ドゥなどが見どころである。また当時の機械仕掛けを復活させたシルフィードの空中遊泳などの演出効果も目を引く。

第2幕、森の中で踊る、空気の精シルフィードたち。スカートが膝下まである白い衣裳はロマンティック・チュチュと呼ばれる。

二つの版が生まれた事情

パリ・オペラ座で初演されたタリオーニ版『ラ・シルフィード』は、マリー・タリオーニの主演により、大成功を収める。初演から2年後に、オペラ座でこのバレエを見て感動したブルノンヴィルは、ぜひ母国デンマークでも上演したいと考えた。しかし、諸般の事情で、上演がかなわなかったため、音楽も新たに作曲を委嘱し、自身が振り付けた新版を上演。自らジェームスを演じ、愛弟子ルシル・グラーンをシルフィード役で売り出した。このバレエは、本国フランスでは長い間忘れ去られていたが、ブルノンヴィル版は、デンマークのみならず、世界のバレエ団で踊り継がれ、貴重なロマンティック時代のスタイルが継承されている。

妖精伝説から生まれたロマンティック・バレエの最高傑作

ジゼル

アダンの名曲が美しいロマンティック・バレエの最高傑作。物語は、ヨーロッパの妖精伝説による。村娘ジゼルは、恋人に裏切られ命を落とすが、ウィリ（精霊）になってからも愛を貫く。第2幕のウィリの世界は、『白鳥の湖』と並ぶ〝白いバレエ〟の名場面。

原作：ハインリッヒ・ハイネ『ドイツ論』
台本：テオフィール・ゴーティエ、
ジュール=アンリ・ヴェルノワ・ド・サン=ジョルジュ
音楽：アドルフ・アダン
振付：ジャン・コラリ、ジュール・ペロー
初演：1841年6月28日パリ・オペラ座
構成：全2幕
その他の代表的な版：
1884／87／99年　マリウス・プティパ版（マリインスキー劇場、帝室バレエ団）
1910年　ミハイル・フォーキン版（バレエ・リュス）
1932年　セルジュ・リファール版（パリ・オペラ座バレエ団）
1934年　ニコライ・セルゲーエフ版（ヴィック・ウェルズ・バレエ団）
1971年　メアリー・スキーピング版（ロンドン・フェスティヴァル・バレエ団）
1982年　マッツ・エック版（クルベリ・バレエ団）
1985年　ピーター・ライト版（英国ロイヤル・バレエ団）
1991／98年　パトリス・バール／ウジェーヌ・ポリアコフ版（パリ・オペラ座バレエ団）
1998年　シルヴィ・ギエム版（フィンランド国立バレエ団）
2016年　アクラム・カーン版（イングリッシュ・ナショナル・バレエ）
2019年　アレクセイ・ラトマンスキー版（ボリショイ・バレエ団）

あらすじ

第1幕：ドイツのライン渓谷にある村。踊りが好きな村娘ジゼルは、ロイスと名乗る青年と愛し合っている。ロイスは、実は貴族のシレジア公爵アルブレヒトで、身分を隠して村人に身をやつしているのである。村の広場で、二人は愛を語り合いながら踊る。その様子に嫉妬した森番ヒラリオンは、自分の思いをジゼルに打ち明けるが、冷たくされ復讐心に燃える。

村は、ぶどうの収穫祭の真っ最中。ジゼルは、収穫祭の女王に選ばれ、村人たちの踊りの輪に加わる。ジゼルは生まれつき体が弱い。母親のベルタは、娘の身を案じ、「結婚前の娘が踊りに夢中になっていると、死んで、ウィリ（精霊）になってしまう。そして死んでからも踊り続ける」と、恐ろしい伝説を話す。

やがて、クールランド公が令嬢バチルド姫や家臣を伴い、狩りにやってくる。バチルド姫はアルブレヒトの婚約者。ヒラリオンが、アルブレヒトの身分を暴き、ジゼルは、恋人の裏切りに気づく。絶望のあまり、正気を失ったジゼルは、愛するアルブレヒトの腕の中でこと切れる。

第2幕：森のウィリの世界。夜になって、ジゼルのお墓にヒラリオンがやってくるが、ウィリの気配におびえて逃げ出す。木立の間から、ウィリの女王ミルタがぼんやりと姿を現す。ジゼ

第2幕、ウィリの女王ミルタ（オニール八菜）が支配する夜の森。ウィリとは亡くなった未婚の娘の精霊。

第2幕、後悔の念でジゼルの墓を訪ねたアルブレヒト（マチュー・ガニオ）だが、女王ミルタに見つかる。ウィリになったジゼル（ドロテ・ジルベール）は恋人の命乞いをする（パリ・オペラ座バレエ団）。

第1幕、ぶどうの収穫祭。収穫祭の女王に選ばれたジゼルは山車に乗って踊りの中に加わる。

ルは、墓から呼び出され、ウィリの仲間入りをする。そこへ、悲しみに沈むアルブレヒトがやってきて、ジゼルの墓に花を捧げる。その目の前にジゼルが現れ、二人は一緒に踊る。隠れていたヒラリオンが、ウィリたちに見つかり、死ぬまで踊らされて命を落とす。今度は、アルブレヒトの身に危険が迫る。恋人の命を救おうと、ジゼルは、必死でアルブレヒトを守ろうとする。ミルタの誘いで、二人は踊り始めるが、アルブレヒトは、力尽きて地面に倒れる。いつしか夜明けが訪れ、ウィリたちは消え、ジゼルも墓に戻っていく。一人残ったアルブレヒトは、ジゼルへの永遠の思いを胸に、その場に佇む。

みどころ

第1幕が人間界、第2幕が精霊の世界と、ロマンティック・バレエの典型的パターンで作られ、現実から非現実の世界への転換が見もの。主役のジゼルは、第1幕では、純粋で素朴な村娘。軽快なステップに、踊り好きの性格がよく表れている。マイムが多いのも特徴で、花占いや、最後の《狂乱の場》におけるマイムは、ドラマティックな演技の見せどころである。

第2幕では、ジゼルは一転してはかない精霊に変身し、見る者を別世界に誘う。重力を感じさせない跳躍や、細やかな足先の動き、流れるような腕の動きなどから目が離せない。中でも、アルブレヒトとのパ・ド・ドゥは、宙を舞うようなジゼルの姿が優美で、全編の白眉。アルブレヒト役にとっては、ジゼルを慕う気持ちを込めたソロが最大の見せ場となる。

そのほか、女王ミルタの威厳

死してなお、恋人への思いを貫いたジゼルだったが、夜明けとともに永遠の別れを告げ、墓に戻る。

を感じさせるソロや、ウィリたちの整然とした幻想的なアンサンブルが美しい。

第1幕の村人のカップルによるペザント・パ・ド・ドゥも、細やかなステップに清々しさが漂い、目を楽しませる。

ジゼルを密かに愛する森番ヒラリオンは、マイムの役だが、その演技力が見どころである。

ライト版のように、初演時に立ち返り、ジゼルは自死という解釈もあり、さまざまな演出を見比べてみるのもおすすめ。

初演からの変遷

フランスで生まれ ロシアで継承

『ジゼル』は、カルロッタ・グリジの主演で、パリ・オペラ座で初演され、大成功を収める。しかし、グリジがフランスからいなくなると、1868年を最後に『ジゼル』の上演は途絶えてしまう。代わって、この作品はロシアで継承され、プティパによる決定版が生まれたおかげで、今日まで踊り継がれてきた。

たびたびの改訂により、音楽が新たに加筆され、マイムの部分が省略されるなど、時代とともに形を変えてきたが、ロマンティック・バレエのエスプリは永遠で、上演のたびに深い感銘を与えてやまない。

斬新なエック版や アクラム・カーン版

『ジゼル』の読み直しの中で、最も大胆な新版と言われるのが、スウェーデンのクルベリ・バレエ団で初演されたマッツ・エック版である。80年代に、日本でも上演され、大きな話題となった。エック版の舞台はどこかの南の島。ジゼルは、自立心が強く自由奔放な娘。精神を病んだ末、連れられていった先は、森ではなく、何と病院。ジゼルはじめ、アルブレヒトやヒラリオンもダイナミックに踊らせた演出は画期的と言える。

ENBのアクラム・カーン版は、原曲を大胆に編曲、ジゼルは衣料工場で働く移民の一人という設定で、現代の格差社会や移民問題に触れた異色作である。

名場面に魅了されるクラシック・バレエ

色彩豊かな踊りが溢れるブルノンヴィルのイタリア讃歌

ナポリ

デンマーク・バレエの父ブルノンヴィルの代表作の一つで、ナポリを舞台にした郷土色豊かなバレエ。軽やかで弾むようなブルノンヴィル・スタイルが堪能できる。とりわけ、第3幕のディヴェルティスマンには、軽快な踊りがちりばめられ、大変人気が高い。

音楽：ホルガー・シモン・パウリ（第1・3幕）
エドヴァルド・ヘルステッド（第1・3幕）
ニルス・ウィルヘルム・ゲーゼ（第2幕）
ハンス・クリスチャン・ロンビ（第3幕の最後）

振付：オーギュスト・ブルノンヴィル

初演：1842年3月29日デンマーク王立劇場

構成：全3幕

その他の代表的な版：
2009年　ニコライ・ヒュッベ、ソレラ・エングルン版（デンマーク・ロイヤル・バレエ団）

あらすじ

第1幕：サンタ・ルチアの浜辺。ナポリの港町に夕暮れが訪れる。美しい娘のテレジーナが、母親のヴェロニカに伴われてやってくる。マカロニ売りのジャコモとレモネード売りのペッポが言い寄るが、テレジーナは相手にしない。彼女が好きなのは、漁師のジェンナーロで、海から帰ってくるのを待ちわびているのである。ようやくジェンナーロが戻ってくるが、ヴェロニカは、娘をもっと金持ちに嫁がせたいので、いい顔をしない。アンブロジオ神父が施しを乞いに回ってくると、テレジーナは自分のお守りを渡す。若者たちの楽しそうな踊りが終わると、テレジーナとジェンナーロは、二人で海にこぎ出していく。広場には、流しの歌手がやってきて、人形遣いと場所の取り合いでひと騒動。突然嵐が訪れ、ジェンナーロが一人で岸にたどり着く。神父からお守りを渡され、勇気づけられたジェンナーロは、行方不明のテレジーナを探しに、再び海にこぎ出す。

第2幕：カプリ島の青の洞窟。テレジーナは、水の精たちに助けられ、息を吹き返す。海の王ゴルフォは、テレジーナを見て、その美しさに心を奪われるが、テレジーナは、王の求愛を退ける。洞窟の入り口から、ジェンナーロの乗った船が入ってくる。ようやく再会したテレジーナは、水の精に姿を変えられ、記憶を失ったので、自分のことも覚えていない。しかし、ジェンナーロが神父からもらったお守りのおかげで、テレジーナの記憶が戻り、二人は洞窟を脱出する。

第3幕：ナポリ郊外のモンテ・ヴィルジネ。街は、お参りに訪れる人で賑わう。テレジーナとジェンナーロが無事帰還。ジェ

第3幕、ナポリ郊外の信仰の地モンテ・ヴィルジネ。お守りの奇跡を喜ぶ（デンマーク・ロイヤル・バレエ団）。

カプリ島の青の洞窟。嵐にあったテレジーナは水の精に助けられる。恋人で漁師のジェンナーロが救出に向かうが、テレジーナはすっかり記憶を失っていた。

ンナーロは、魔法を使ったのではないかと疑われるが、アンブロジオ神父の説明で、人々は、お守りの奇跡を信じる。二人の幸せを祝福する踊りが、いつ果てるともなく繰り広げられる。

みどころ

若き日のブルノンヴィルが実際に体験したナポリの風物詩が各幕にちりばめられ、19世紀ロマンティック・バレエの時代を十二分に偲ばせる。第1幕は、さまざまな人々の描写が演劇を見るようにリアルで細やか。第2幕は、非現実の海の妖精の世界。そして第3幕は、ナポリ独特の気持ちまで弾むような舞踊が溢れんばかりに繰り広げられ、パ・ド・シス、タランテラ、フィナーレと続く一連の舞踊シーンは、《ナポリ・ディヴェルティスマン》として独立して上演されることも多い。

第1幕の舞踊シーン《バラービレ》も陽気な踊りが心地よい。第2幕では、テレジーナの二度にわたる衣裳の早変わりも見ものである。

イタリア旅行から生まれたバレエ

ブルノンヴィルは、生涯にイタリアを題材にしたバレエを5作ほど振り付け、南国イタリアへの熱い思いが想像される。1841年、王立劇場のある事件に巻き込まれたブルノンヴィルは、6カ月間国外に追放される。『ナポリ』は、その時に、イタリア各地を旅した体験から生まれた作品。ブルノンヴィルが最も感動したのは、自然の素晴らしさと陽気な人々の姿であったという。すぐにバレエの構想が出来上がり、帰国した翌年には初演が行われた。2カ月の間に行われた20公演はすべて満席の盛況であったという。2009年に、時代設定を1950年代に移した新版が生まれた。

スペインの異国情緒と名場面グラン・パの様式美

パキータ

パリ初演版は、19世紀ナポレオン統治下のスペインが舞台。ジプシーの娘パキータと貴族のリュシアンの恋が成就するまでを描いた波瀾万丈の物語だったが、後年プティパが振り付けた結婚式の《グラン・パ》が人気を博し、名場面として度々上演されている。

台本：ポール・フシェ、ジョゼフ・マジリエ
音楽：エドゥアール・マリ・エルネスト・デルデヴェズ、ルートヴィヒ・ミンクス
振付：ジョゼフ・マジリエ
初演：1846年4月1日パリ・オペラ座
構成：全2幕
その他の代表的な版：
1847／82年　マリウス・プティパ版（ペテルブルク・ボリショイ劇場、帝室バレエ団）
1978年　オレグ・ヴィノグラードフ版=グラン・パ（キーロフ・バレエ団）
2001年　ピエール・ラコット版（パリ・オペラ座バレエ団）
2014 年　アレクセイ・ラトマンスキー版（ミュンヘン・バレエ団）
2017年　ユーリー・スメカロフ、ユーリー・ブルラーカ版（マリインスキー・バレエ団）

パキータを踊る、名花ウリヤーナ・ロパートキナ。

あらすじ

*パリ初演版に基づくラコット版による

第1幕：スペインのサラゴサ近郊の渓谷。フランスのデルヴィイー伯爵が息子のリュシアンたちを伴ってやってくる。伯爵の兄はかつてここで殺され、その記念碑が建立されたのである。リュシアンは、ジプシーたちの中でひときわ美しい娘パキータに惹かれる。それを目にしたジプシーの首領イニゴは激しく嫉妬。スペイン総督のドン・ロペスは、フランス人に憎しみを抱き、イニゴにリュシアンの暗殺計画をもちかける。リュシアンは、だまされたとは知らず、パキータに会いに急ぐ。

　ジプシーの館。イニゴとドン・ロペスがリュシアンを待ち伏せし、眠り薬の入ったワインを飲ませようと企む。二人の会話を耳にしたパキータは、リュシアンが来ると、眠り薬の入ったグラスをすり替え、イニゴを眠らせる。パキータの機転でリュシアンは救われる。

第2幕：デルヴィイー伯爵の舞踏会。伯爵たちが待つところへ、パキータとリュシアンが駆け込んでくる。ドン・ロペスは、リュシアンの暗殺未遂が発覚し、捕えられる。部屋に飾ってあった肖像画から、パキータは自分の父親が、殺されたエルヴィイー伯爵の兄で、自分がジプシーにさらわれた令嬢であるという出自を知る。こうして、パキータはリュシアンとの結婚を許され、祝宴が盛大に開かれる。

グラン・パ：祝宴で披露されるディヴェルティスマン。特に筋がなく、パキータとリュシアンのアダージョとコーダの間に、複数のヴァリエーションが挟まれ、変化に富んだ踊りが繰り広げられる。

プティパの世界が復刻されたスメカロフ版『パキータ』第3幕《グラン・パ》。
主演はヴィクトリア・テリョーシキナ（マリインスキー・バレエ団）。

みどころ

21世紀になって、パリ・オペラ座で『パキータ』全幕の復活上演が実現して以来、ミュンヘンやサンクトペテルブルクでも全幕上演が行われた。全幕版の魅力は、ロマンティック・バレエ特有の異国の世界で展開される波瀾万丈の物語にある。例えば、ラコット版では、タンバリンの踊りやエスパーダの踊りなどでスペイン情緒が満喫できるほか、リュシアン救出劇では芝居の軽妙さも味わえる。

２０１７年は、プティパ版『パキータ』初演から１７０周年を記念して、スメカロフによる全幕版が上演された。原作から台本を新たに書き直した新版で、主人公の名前も、パキータとアンドレスとなった。とはいえ、最終幕の《グラン・パ》の人気は世界的に根強く、バレエ・コンサートなどで上演される機会は多い。２０１８年のマリインスキー・バレエ団来日公演では、スメカロフ版の第3幕、ブルラーカがプティパ版を復元したものが上演された。花園を思わせる華麗な舞台は、古典バレエの醍醐味を十二分に伝える。

さまざまな音楽

《グラン・パ》には、実にさまざまな作曲家の音楽が登場する。1882年に、プティパが改訂を施した際、ミンクスに作曲を委嘱し、グラン・パおよび男女３人によるパ・ド・トロワ、子供たちのマズルカが加えられた。パ・ド・トロワの音楽は、実際ミンクスが作曲したのはコーダのみで、ほかはデルデヴェズやプーニ、アダンの音楽を編曲している。ブルラーカが2008年にボリショイ劇場で第３幕を復元するに当たり、忘れられたヴァリエーションを揃えたところ、全部で 15曲あったという。パヴロワをはじめ多くのプリマが、自分の踊りのために新しいヴァリエーションを加えていった結果だろう。

エキゾティスム溢れる波瀾万丈の恋と冒険の物語

海賊

地中海を舞台に、海賊の首領コンラッドとギリシャの美女メドーラが繰り広げる冒険とロマンスの物語。全編に漂うオリエントの香り。メドーラとアリによる『海賊』のグラン・パ・ド・ドゥは、ガラ公演の定番として見せ場に富み、人気が高い。

原作	ジョージ・ゴードン・バイロン
台本	ジュール=アンリ・ヴェルノワ・ド・サン=ジョルジュ、ジョゼフ・マジリエ
音楽	アドルフ・アダン（後の改訂でチェーザレ・プーニ、レオ・ドリーブ、リッカルド・ドリゴ、ペーター・フォン・オルデンブルクなどの曲を加筆）
振付	ジョゼフ・マジリエ
初演	1856年1月23日パリ・オペラ座
構成	プロローグ、エピローグ付き全3幕

その他の代表的な版:

1858年　ジュール・ペロー／マリウス・プティパ版（ペテルブルク、帝室バレエ団）
1863／68／80／99年　マリウス・プティパ版（ペテルブルク、帝室バレエ団）
1955／68年　ピョートル・グーセフ版（マールイ劇場バレエ団=のちのミハイロフスキー劇場バレエ団）
1973年　コンスタンチン・セルゲーエフ版（キーロフ・バレエ団）
1987年　オレグ・ヴィノグラードフ版（キーロフ・バレエ団）
1994年　ニコライ・ボヤルチコフ版（レニングラード国立バレエ団）
2007年　アレクセイ・ラトマンスキー／ユーリー・ブルラーカ版（ボリショイ・バレエ団）
2007年　イヴァン・リスカ版（ミュンヘン・バレエ団）
2009年　ファルフ・ルジマトフ版（ミハイロフスキー劇場バレエ団）
2013年　アンナ=マリー・ホームズ版（イングリッシュ・ナショナル・バレエ）
2016年　マニュエル・ルグリ版（ウィーン国立バレエ団）

あらすじ

プロローグ：嵐。海賊の首領コンラッドと仲間のアリの乗った帆船が難破する。

第1幕：ギリシャの浜辺。コンラッドたちは、海岸に漂着し、ギリシャの娘たちに助けられる。ひときわ美しいメドーラが、コンラッドに好意を持つ。いきなり奴隷商人ランケデムがトルコ軍を率いてやってきて、メドーラと娘たちをさらっていく。

奴隷市場では、ランケデムが、商人たちを相手に、奴隷を競売にかけている。トルコ総督のセイード＝パシャは、まずメドーラの親友ギュリナーラを買い取った後、メドーラの美しさに目がくらみ、どうしても競り落とそうとする。その時、高貴な商人が現れ、メドーラに一番の高値をつける。商人の正体はコンラッド。コンラッドは、メドーラや娘たちを奪い返し、海へ出て行く。

第2幕：海賊の洞窟。海賊たちは、娘たちを無事救出できたことを喜ぶ。メドーラは、コンラッドと彼の仲間アリと踊る。コンラッドは、連れてきた娘たちを解放しようとし、仲間のビルバントたちに反対されるが、娘たちの願いを聞き入れる。怒りに燃えるビルバントに、捕虜となったランケデムが近づき、コンラッドへの復讐をけしかける。ランケデムは、眠り薬を振りかけた花束をメドーラに渡す。メ

2017年ENBの来日公演で披露された本邦初のホームズ版『海賊』。

メドーラ（マリア・コチェトコワ）、コンラッド（オシエル・グネオ）、アリ（セザール・コラレス）のパ・ド・トロワ。第2幕の洞窟の場面で踊られる（イングリッシュ・ナショナル・バレエ）。

ドーラから花束を贈られたコンラッドは、たちまち眠ってしまう。その間に、メドーラは再びさらわれてしまう。

第3幕：セイード＝パシャのハーレム。とらわれの身のメドーラは、ギュリナーラとの再会を喜ぶ。《生ける花園》が出現し、二人は、美しい娘たちに交じって優雅に踊る。そこへ巡礼者を装ったコンラッドたちが来て、再びメドーラを救い出す。

エピローグ：海。メドーラやコンラッドを乗せた帆船が大海原へ繰り出して行く。

みどころ

躍動的な音楽に乗せた、軽快な舞台運びで、次から次へと踊りが続く。このバレエのハイライトは、第2幕の洞窟の場面で踊られるパ・ド・トロワ。アダージョでは、メドーラが、コンラッドとアリの二人の男性舞踊手の間で踊る。咲き誇った大輪の花のようなメドーラ。男性陣による勇壮なテクニックの競演など見どころ満載である。

第3幕の《生ける花園》では、メドーラとギュリナーラを芯に、花の精たちが舞台を埋め尽くし、まさに楽園のような光景が出現。パシャならずとも、その魅力に幻惑されてしまうだろう。奴隷商人とギュリナーラの踊りや、3人のオダリスクの踊りも、異国情緒と高度なテクニックが相まって、見応え十分である。

人気パ・ド・ドゥから全幕版が競合する時代へ

近年、『海賊』の全幕版が世界的に上演されるようになるまでは、『海賊』と言えば、ガラ公演などで踊られるグラン・パ・ド・ドゥが主流であった。実は、この踊りは、全幕版では、第2幕洞窟の場で、メドーラ、コンラッド、アリの3人が共演するパ・ド・トロワ。最近の研究によれば、音楽はドリゴほか、振付はサムイル・アンドリアノフで、プティパの死後、1915年に全幕版に統合、その後も改訂を重ねた。なお、メドーラのヴァリエーションには、現在ドリゴのほか、ミンクス、シモンなどによる5種類ほどの音楽が存在し、歴代のバレリーナたちがいかに美を競ってきたか、上演の歴史を偲ぶことができる。

第3幕、ハーレムに、とらわれの身となっていたメドーラは、ギュリナーラと再会して喜ぶ。

フランスとロシアの架け橋となった

マリウス・プティパ

Marius Petipa

マリウス・プティパ
(1818–1910)

『白鳥の湖』や『眠れる森の美女』など、現在世界で踊られている古典バレエのほとんどは、フランス人舞踊家マリウス・プティパが振り付けたものである。

２０１８年はその生誕２００年の節目に当たり、改めてその偉業を振り返る好機となった。

プティパは自伝の序にこう書き記している。「１８４７年5月24日サンクトペテルブルクに到着。帝室劇場に60年間務め、4代の皇帝と８人の支配人に仕えた」。この間制作したバレエは70にも上るが、ほとんどが皇帝のために、宮廷の繁栄を願って作られたもので、バレエと政治が切り離せないものであることを物語っている。

マルセイユに生まれたプティパは、舞踊家の家族と共に、幼い頃から各地を転々と巡業。兄のリュシアンはダンスール・ノーブルで、パリ・オペラ座の第一舞踊手として契約されるが、マリウスは定職が見つからず、ロシアへ向かう。サンクトペテルブルクの帝室劇場の第一舞踊手となったのが29歳、１８６９年51歳で首席メートル・ド・バレエに就任する。『ファラオの娘』『ドン・キホーテ』『ラ・バヤデール』『ライモンダ』……。プティパのバレエの特徴を一言で表現するなら〝総合芸術〟と言えるだろう。

そこには、

①ミンクス、プーニ、チャイコフスキー、グラズノフ等の音楽
②豊富なマイム
③19世紀フランスのロマンティック・バレエの影響：「白いバレエ」の場面、エキゾティックな異国が舞台
④多彩なキャラクター・ダンス、歴史舞踊、パレード
⑤古典バレエの様式美：グラン・パ・ド・ドゥなど

と、あらゆる要素が含まれている。

現代でもプティパのバレエは、盛んに上演されており、その様式美を発展させるアプローチと、初演版を復元して原点に戻る、二つの潮流がある。前者の代表的振付家はルドルフ・ヌレエフやナチョ・ドゥアト、後者はセルゲイ・ヴィハレフやアレクセイ・ラトマンスキー。プティパのバレエは不朽で永遠である。

プティパはフランスで舞踊家として活動した後、ロシアに渡る。写真はファウスト役の衣裳姿のプティパ。（※）

名場面に魅了されるクラシック・バレエ

蘇った幻のバレエから匂いたつ古代エジプトのロマン

ファラオの娘

19世紀のエジプト・ブームを反映して生まれ、出演者400人、上演4時間におよぶ大作。ファラオの宮殿やピラミッド、ミイラ、ナイル河、野獣などエキゾティックな要素が満載。失われていた巨匠プティパの出世作が華麗に再現された。

原作	テオフィール・ゴーティエ『ミイラ物語』
台本	ジュール=アンリ・ヴェルノワ・ド・サン=ジョルジュ、マリウス・プティパ
音楽	チェーザレ・プーニ
振付	マリウス・プティパ
初演	1862年1月30日ペテルブルク・ボリショイ劇場（帝室バレエ団）
構成	プロローグ、エピローグ付き全3幕9場

その他の代表的な版：
2000年　ピエール・ラコット版（ボリショイ・バレエ団）

アスピシア姫（マリーヤ・アレクサンドロワ）とタオール/ウィルソン卿（ニコライ・ツィスカリーゼ）の恋と冒険の物語。

あらすじ

*ラコット版の全3幕8場による

第1幕第1場：舞台はエジプト。遺跡の発掘に訪れたイギリス人探検家ウィルソン卿は、お付きのジョン・ブルと共に巨大なピラミッドの前にいる。突然、砂嵐が襲い、商人たちと急ぎピラミッドの中に逃げ込む。

第1幕第2場：ピラミッドの奥には、かつて権勢を誇ったファラオの娘アスピシアのミイラが眠っている。ウィルソン卿は、商人たちから阿片を勧められ、眠りに落ちていく。夢の中。石棺からアスピシア姫が蘇り、ウィルソン卿はたちまちその美貌の虜になるが、姫は消えてしまう。ウィルソン卿とブルは、それぞれタオールとパッシフォントという名の古代エジプト人となり、姫を探しに冒険の旅に出る。

第1幕第3場：森でタオールは、アスピシアや侍女のラムゼイらに会う。ライオン狩りの最中に、タオールはアスピシアの命を救い、ファラオから宮殿に招かれる。

第2幕第4場：宮殿で、アスピシアとタオールは愛を誓い合う。しかし、ファラオは、娘をヌビア王と政略結婚させようとしている。王の権威を象徴するような華やかな入場行進に続いて、祝宴が繰り広げられる中、アスピシアとタオールは、秘密の抜け道から駆け落ちする。

第3幕第5場：アスピシアとタ

初演当時流行したエジプトの風俗が取り込まれたバレエ。プティパは制作に際して旅先のベルリンでエジプト博物館を訪問したという（ボリショイ・バレエ団）。

2006年のボリショイ・バレエ団来日公演で披露されたラコット版。鮮やかな衣裳も見応えのひとつ。

オールはナイル河のほとりにある漁村に隠れている。タオールが釣りに出かけている間に、ヌビア王がやってきて、アスピシアを捕らえようと脅すが、嫌がる姫は窓からナイル河に身を投げてしまう。

第3幕第6場：アスピシアはナイル河の神に丁重に迎えられる。けれども姫の願いはタオールに再会することのみ。神はその願いを聞き入れ、アスピシアを地上に返す。

第3幕第7場：ファラオはタオールを捕らえ、娘の居場所を問いただすが、答えないので死刑を宣告。あわやという瞬間、アスピシアが戻ってきて、父にタオールの命乞いをする。タオールは許され、喜びに浸るのも束の間、広間はもやに包まれ…すべては消えてしまう。

第3幕第8場：眠りから覚めたウィルソン卿は、夢の中で体験したアスピシアとのロマンスを懐かしむのだった。

みどころ

古代エジプトの風物詩が随所で楽しめるのが魅力。中でも、ファラオの宮殿で繰り広げられる大行進や踊りの饗宴のシーンは、王の威光を象徴。プティパの後年の名作『ラ・バヤデール』や『眠れる森の美女』に通じる迫力がある。

ラコット版は、プティパ版をもとに、『ラ・シルフィード』の場合と同様に、現代の舞踊技術の水準に合わせ、主役の踊りの随所に華やかなテクニックをちりばめて見応えあるシーンを構成。海底の場面で三人のソリストが踊る三大大河のディヴェルティスマンも三者三様の個性が表れている。

振付のピエール・ラコット（1932〜）は、非常に探究心旺盛で、美術や衣裳も自ら手がけるほどの徹底ぶり。とりわけ主役のアスピシアは、クラシック・チュチュからロマンティック・チュチュ、チュニックに至るまで何着も衣裳を着替え、その七変化の美が一層踊りを引き立てている。

ボリショイを代表する男性ダンサー、ツィスカリーゼ。現在ワガノワ・バレエ・アカデミー校長として活躍している。

初演ではプティパが踊る

プティパの自伝によれば、彼は、このバレエが初演される前の年の1861年に休暇を利用してパリへ出かけている。第一の目的は、愛妻マリアをパリ・オペラ座にデビューさせることで、マリアは、プティパの『罪なき者の市場』などを踊って成功を収める。次いで、プティパは、『ジゼル』の台本を書いたサン＝ジョルジュと相談し、『ファラオの娘』の構想を練り、3週間で内容が固まったという。サンクトペテルブルクへの帰途、ベルリンのエジプト博物館に立ち寄り、ファラオの石棺を見て研究。帰国後、わずか6週間で本作を完成させた。初演では、アスピシアがカロリーナ・ロザティ、ウィルソン卿/タオールがプティパであった。

名場面に魅了されるクラシック・バレエ

スペインが舞台　プティパの重厚な大作

ドン・キホーテ

タイトルは『ドン・キホーテ』でも、バレエの主役は、町娘キトリと床屋の青年バジル。
二人の恋のかけひきに遍歴の騎士ドン・キホーテが顔を出し、奇想天外な物語が繰り広げられる。
古典バレエにスペイン情緒が融合した名作。

原作	ミゲル・デ・セルバンテス
台本	マリウス・プティパ
音楽	ルートヴィヒ・ミンクス
振付	マリウス・プティパ
初演	1869年12月26日モスクワ、ボリショイ劇場
構成	プロローグ付き全3幕

その他の代表的な版:

1871年　マリウス・プティパの改訂版（ペテルブルグ、帝室バレエ団）
1900年　アレクサンドル・ゴルスキー版（ボリショイ・バレエ団）
1966／70／81年　ルドルフ・ヌレエフ版（ウィーン国立バレエ団／オーストラリア・バレエ団／パリ・オペラ座バレエ団）
1978年　ミハイル・バリシニコフ版（ABT）
1995年　ケヴィン・マッケンジー／スーザン・ジョーンズ版（ABT）
1999年　アレクセイ・ファジェーチェフ版（ボリショイ・バレエ団）
2013年　カルロス・アコスタ版（英国ロイヤル・バレエ団）

あらすじ

プロローグ：ドン・キホーテの書斎。ドン・キホーテは、中世の騎士道物語に夢中になり、自分を騎士だと思い込む。夢の中に現れたドルシネア姫を探しに、お伴のサンチョ・パンサを連れて、諸国遍歴の旅へと出発する。

第1幕：バルセロナの街の広場。宿屋の娘キトリと床屋の青年バジルは、相思相愛の仲。ところが、キトリの父親ロレンツォは、娘を金持ちの貴族ガマーシュと結婚させたがっている。

広場に闘牛士や踊り子が登場し、賑わいを見せる。そこへ奇妙な二人連れ、ドン・キホーテとサンチョ・パンサが登場。ドン・キホーテは、キトリをドルシネア姫と信じ、うやうやしく踊りを申し込む。バジルは平静を装うが、ガマーシュはかんかん。キトリとバジルは、広場を抜け出し、駆け落ちする。

第2幕：ジプシーの野営地。キトリとバジルは、ジプシーの野営地にたどり着く。ほっとするのも束の間、ロレンツォとガマーシュ、それにドン・キホーテとサンチョ・パンサも追いかけてきたので、キトリとバジルは、ジプシーたちに助けを求める。人形劇が始まり、キトリとバジルにそっくりの恋人たちが登場。

プロローグ、中世の騎士道物語に夢中のドン・キホーテの書斎から物語は始まる。

上／ヌレエフ版をレパートリーにもつミラノ・スカラ座バレエ団の舞台より。下／第3幕、キトリ（ニコレッタ・マンニ）とバジル（クラウディオ・コヴィエッロ）の結婚式のグラン・パ・ド・ドゥ。

上／宿屋の娘キトリと、床屋の青年バジルは相思相愛の仲。
下／賑やかなバルセロナの街が舞台。胴上げされるサンチョ・パンサ。

ガマーシュによく似た悪者が邪魔に入るというお芝居である。正義に燃えるドン・キホーテは、逆上して舞台を壊す。巨大な風車を見て敵と勘違いし、立ち向かっていくが、風車に引っかかり気を失ってしまう。

倒れたドン・キホーテは、夢の中でドルシネア姫や森の妖精たちに出会い、恍惚として時を過ごす。

第3幕：居酒屋。キトリとバジルは、仲間と合流する。そこへまたロレンツォたちが到着。ロレンツォは、嫌がるキトリを無理矢理ガマーシュと結婚させようとする。

そこで機転をきかせたバジルが、狂言自殺を試みる。キトリは、嘆き悲しむ振りをして、父親に結婚の許しを乞う。その姿を見たドン・キホーテは、ロレンツォに、娘の願いをかなえるようにと迫る。ロレンツォがしぶしぶ承知したその途端、倒れていたバジルがすっくと起き上がり、その場から逃げ去る。悔しがるガマーシュが、ドン・キホーテに決闘を挑むが、あっけなく負けてしまう。

場面は変わって、キトリとバジルの華やかな結婚式。

お祝いのファンダンゴに続いて、キトリとバジルを中心にしたグラン・パ・ド・ドゥが盛大に繰り広げられる。幸せに結ばれた二人を見守りながら、ドン・キホーテは、再びサンチョ・パンサと共に、新たな冒険の旅に出る。

踊り手の技巧が堪能できる、結婚式のグラン・パ・ド・ドゥ。

みどころ

ガラ・コンサートの定番となっている第3幕のキトリとバジルの結婚式の場で踊られるグラン・パ・ド・ドゥが圧巻。跳躍や回転、バランスといった超絶技巧がちりばめられ、興奮を誘う。最大の見ものは、キトリがコーダで披露する32回のグラン・フェッテ。ソリストの踊りも加わって、祝祭気分を盛り上げる。

このバレエは、冒頭からスペイン色豊かで、キトリの登場のソロは、実に躍動感溢れ、バジルとのデュエットでは、アクロバティックなリフトが見もの。エスパーダと街の踊り子の踊りも情熱的で、いかにもスペインらしい。

ドン・キホーテの夢の中の森の場面は、一転してロマンティック。森の女王の凛とした踊りに、愛らしいキューピッドの踊り、ドルシネア姫に姿を変えたキトリの優雅な踊りなど見どころに事欠かない。

プティパとスペイン

全体がスペイン・ムードに包まれた『ドン・キホーテ』の中には、第1幕のホタやセギディージャ、第3幕のファンダンゴなどスペインの舞踊がふんだんに盛り込まれている。プティパのグランド・バレエでは、『白鳥の湖』や『くるみ割り人形』『ライモンダ』などにもスペインの踊りが見られるが、ほかの民族舞踊と並んで、色彩豊かな振付が見事である。これは、プティパがまだ20代の頃、ペテルブルクに赴く以前に過ごしたスペインでの体験が大きく影響していると言われている。

プティパは、このスペイン滞在の思い出を、自身の回想録に一章を割いて書き記している。プティパは、フランスのボルドーで短期間踊った後、1845年スペインのマドリッド王立劇場と契約。休暇の間も、アンダルシア地方を巡業し、スペインの民族舞踊を目の当たりにすると、すっかりその魅力の虜になる。さらに闘牛を楽しみ、訪れた土地のキャラクター・ダンスに夢中になって加わったとも書かれている。このように、プティパが、現地で直接吸収したスペイン舞踊に関する知識は、後年、自身の振付作品の中で大いに生かされたのである。

名場面に魅了されるクラシック・バレエ

コミカルな人形振りが見もの　フランス・バレエの名作

コッペリア

『泉』『シルヴィア』と並ぶドリーブの三大バレエの一つで、フランス・バレエのロマンティック期の最後を飾った名作。ホフマンの原作により、人形のコッペリアをめぐって陽気な村娘スワニルダと青年フランツのカップル、人形師のコッペリウスが織りなす怪奇とロマン。

舞台はポーランド。マズルカやチャールダーシュなど東欧ゆかりの民族舞踊も楽しい(イングリッシュ・ナショナル・バレエ)。

原作：E・T・A・ホフマン『砂男』
台本：シャルル・ニュイッテル、アルチュール・サン=レオン
音楽：レオ・ドリーブ
振付：アルチュール・サン=レオン
初演：1870年5月25日パリ・オペラ座
構成：全3幕
その他の代表的な版：
1884年　マリウス・プティパ版（マリインスキー劇場、帝室バレエ団）
1896年　ハンス・ベック／マックス・グラーゼマン版（デンマーク・ロイヤル・バレエ団）
1933年　ニコライ・セルゲーエフ版（ヴィック・ウェルズ・バレエ団）
1940年　ニコライ・セルゲーエフ版（サドラーズ・ウェルズ・バレエ団）
1973／2001年　ピエール・ラコット版（パリ・オペラ座バレエ団／同バレエ学校）
1974年　アレクサンドラ・ダニロワ／ジョージ・バランシン版（NYCB）
1975年　ローラン・プティ版（ローラン・プティ・バレエ団）
1995年　ピーター・ライト版（バーミンガム・ロイヤル・バレエ団）
1996年　パトリス・バール版（パリ・オペラ座バレエ団）

あらすじ

第1幕：ポーランドのガルシア地方の小さな村。広場に面して、人形師コッペリウスの家がある。二階の窓辺には、毎日、本を読む美しい少女コッペリアの姿が見える。人形のコッペリアを人間だと思い込んだ青年フランツは、少女の気を引こうと、盛んに投げキスを送る。恋人の浮気の様子を見たスワニルダはすっかりおかんむり。そこへ村長がやってきて、明日、領主が新しい鐘を寄贈するのを祝ってお祭りが開かれることを告げる。その時結婚する娘には、領主から持参金が贈られるという。スワニルダは、麦の穂を使って恋占いをしてみる。言い伝えによると、麦の穂が鳴ると恋が実るのである。スワニルダが、麦の穂を手に、フランツと踊ると、スワニルダには音が聞こえて、フランツには何も聞こえないので、スワニルダは怒ってしまう。踊りに興じた村人たちが、三々五々去って行く。誰もいなくなった広場に、スワニルダが現れる。コッペリウスが落とした鍵を拾ったスワニルダは、友人たちを誘って、コッペリウスの家の中にこっそりと入って行く。
第2幕：コッペリウスの仕事場。スワニルダたちが中に入ると、薄暗い中に、いろいろな人形や道具が見える。スワニルダがコ

窓辺で本を読む美しい少女コッペリア。実は人形師コッペリウス自慢の作品だった。

ッペリアに挨拶をしても何の反応もないので、人形だったことがわかる。安心した娘たちは、人形を動かして遊び始める。そこへ、コッペリウスが帰宅。仕事場が荒らされているのを見て、かんかんに怒って、娘たちを追い出す。スワニルダだけはカーテンの陰に身を隠す。今度は、フランツが窓から忍び込んでくる。コッペリウスは、フランツを眠らせ、その間に、魂を抜いて、コッペリアに生命を吹き込もうと思いつく。この様子を見ていたスワニルダは、いたずら心を起こし、コッペリアになりすます。スワニルダが人形の振りをして、コッペリウスの呪文に合わせて動き出すと、コッペリウスは感激する。一方、スワニルダは、フランツを起こして、一緒にその場から逃げ去る。コッペリウスは、だまされていたことを知り、深く落胆する。

第3幕：領主の庭園。領主が、新しい鐘を村に寄贈したのを記念して、鐘の祭りが開かれる。約束通り、領主は、この日結婚するカップルにお祝いのお金を贈る。スワニルダとフランツは仲直りし、一緒に領主の前に進み出る。その時、怒ったコッペリウスが現れ、一同の前で、事の次第を訴える。事情を聞いた領主からお金をもらうと、コッペリウスも気を取り直し、騒ぎは落ち着く。

晴れてスワニルダとフランツは結婚式を迎え、余興の踊りが盛大に繰り広げられる。

みどころ

この作品では、何と言っても人形になりすました「人形振り」のメカニックな動きに注目。スワニルダが、コッペリアの動作をまねて、目をぱちぱち動かしたり、両手両足を機械じかけのように動かす様子がコミカルで面白い。スワニルダとフランツの踊りでは、第1幕の美しいヴァイオリンの旋律に合わせて踊る《麦の穂のバラード》や、第3幕の結婚式のパ・ド・ドゥに見応えがある。人形師コッペリウスには、さまざまな解釈があるが、演技によっては、主役を凌ぐ存在感を示すこともある。

群舞では、ポーランドの民族舞踊のマズルカやハンガリーのチャールダーシュが異国情緒を醸し出し、色彩も鮮やか。第3幕の「鐘の祭り」のディヴェルティスマンは、時、あけぼの、祈り、仕事、結婚、戦い、平和と、人の一生をたどる一連の踊りが和やかに進む。《平和の踊り》では、スワニルダとフランツによる息の合ったデュエットが感銘を与える。

コッペリウスの仕事場にスワニルダは友人たちと潜入。

初演から現代の読み直しまで

『コッペリア』にまつわる悲劇

初演でスワニルダを演じたのは、ミラノ出身の16歳のバレリーナ、ジュゼッピーナ・ボツァッキ。その初々しい舞台は、パリ・オペラ座に久々にロマンティック・バレエの活気を呼び起こし、公演は大成功を収める。

ところが、折悪しく、初演からまもなく普仏戦争が勃発。振付のサン=レオンが急死し、オペラ座も閉鎖となり、将来を嘱望されたボツァッキに、不運の影が忍び寄る。この少女は、天然痘にかかり、17歳の誕生日にこの世を去ってしまうのである。ロマンティック・バレエの終焉を象徴するような悲しいエピソードである。

軽妙洒脱なローラン・プティ版

現代的な「読み直し」としては、舞台をパリの裏街に移し、いかにもフランスの軽妙洒脱なエスプリを感じさせるプティ版が傑出している。プティ自身が扮したコッペリウスは、ダンディーな初老の紳士。《時の踊り》の音楽をバックに、人形コッペリアを相手にシャンペンを酌み交わし、恍惚として踊る場面はあまりにも有名。

一方、本家のオペラ座では、1991年までラコット版を上演していたが、1996年からパトリス・バールによる新版に替わった。こちらもコッペリウスは、スマートな紳士で、スワニルダを魅了する役どころに設定した点が現代的で目新しい。

第3幕、鐘の祭りが開かれ、この日に結婚するカップルには領主から、お祝い金が贈られる。スワニルダ（タマラ・ロホ）とフランツ（イサック・エルナンデス）の結婚式の踊り。

ドリーブの名曲が奏でるギリシャ神話の世界

シルヴィア

ドリーブの絢爛たる音楽が、フランス・ロマンティック・バレエの名作の香りを伝える。物語は神話の世界。狩りと純潔の女神ダイアナのニンフ、シルヴィアと羊飼いの若者アミンタのロマンスが、愛の神エロスの魔法で成就するもの。牧歌的な世界が楽しめる。

台本：ジュール・バルビエ
音楽：レオ・ドリーブ
振付：ルイ・メラント
初演：1876年6月14日パリ・オペラ座
構成：全3幕
その他の代表的な版：
1901年　レフ・イワーノフ版
（マリインスキー劇場、帝室バレエ団）
1919年　レオ・スターツ版（パリ・オペラ座バレエ団）
1941年　セルジュ・リファール版
（パリ・オペラ座バレエ団）
1950年　ジョージ・バランシン版
（パ・ド・ドゥ。NYCB）
1952／2004年　フレデリック・アシュトン版
（英国ロイヤル・バレエ団）
1979／80年　リセット・ダルソンヴァル版
（パリ・オペラ座バレエ団／
中国中央バレエ団）
1993／2012年　デヴィッド・ビントレー版
（バーミンガム・ロイヤル・バレエ団／
新国立劇場バレエ団）
1997年　ジョン・ノイマイヤー版
（パリ・オペラ座バレエ団／
ハンブルク・バレエ団）
2018年　マニュエル・ルグリ版
（ウィーン国立バレエ団）

あらすじ

第1幕：聖なる森。エロスの神殿の前に、羊飼いアミンタが姿を現す。シルヴィアと仲間たちがやってきて、狩りの成功を祝って踊り出す。その様子を眺めていたアミンタが引き出される。思わずシルヴィアに愛を告白するが、恋愛に興味のないシルヴィアは怒って、愛の神エロスに向かって矢を射る。エロスをかばい、矢を受けて倒れるアミンタ。今度は、シルヴィアがエロスから反撃の矢を受けるが、何ごともなかったように引き抜いて、その場を立ち去る。エロスの神殿に、シルヴィアが戻ってきて、アミンタの亡骸を見て、悲嘆に暮れる。すかさず陰から現れた悪しき狩人オリオンが、シルヴィアを奪っていく。

農民たちがアミンタの亡骸を前に悲しんでいる。現れたのは、不思議な魔術師＝エロスの変身した姿。エロスは、アミンタを生き返らせ、さらわれたシルヴィアを探しに行かせる。

第2幕：オリオンの住む島の洞窟。シルヴィアは、オリオンの誘惑を拒絶する。エロスの矢によってアミンタへの愛に目覚めたものの、その矢はオリオンの手中にある。シルヴィアはオリオンを酔いつぶれさせ、矢を取り戻すことに成功。エロスが小舟で迎えにきて、シルヴィアをアミンタのもとへ連れて行く。

第3幕：ダイアナの神殿近くの海岸。酒神バッカスを讃える祭りの場に、エロスがシルヴィアを連れてくる。追いかけてきたオリオンが、神殿に隠れたシル

アシュトン版の舞台。ギリシャ神話の世界が再現される。

第1幕、月の光の下、狩りの成功を祝って踊るシルヴィア（マリアネラ・ヌニェス）とその従者たち（英国ロイヤル・バレエ団）。

ヴィアを引き出そうとするが、怒ったダイアナによって殺される。ダイアナの怒りはシルヴィアにも向けられるが、エロスが、ダイアナもかつて羊飼いを愛していたことを思い出させると、女神の心も和らぎ、シルヴィアとアミンタの再会を祝福する。

みどころ

第1幕が神話の世界、第2幕がエキゾティックな異国の世界、第3幕が、古典バレエの様式による祝祭場面と、幕ごとに異なる雰囲気が楽しめる。第1幕では、シルヴィアと仲間のニンフたちの登場にまず注目。女性ながら、弓を手にして踊る姿は、颯爽として美しい。なかなか他のバレエでは見られない場面である。エロスが、アミンタを蘇生させる場面は演劇的で面白い。

第2幕では、一転して東洋的ムードの踊りが、異国情緒を誘う。第3幕では、バッカス祭の盛大な踊りが賑やか。シルヴィアとアミンタのパ・ド・ドゥには、技巧が凝らされ、クライマックスを盛り上げる。

オペラ座の二つの版

このバレエの元祖、パリ・オペラ座は、新旧二つの版を上演している。一つは、古典の趣を尊重したダルソンヴァル版。1979年の初演時の主演は、名花ノエラ・ポントワであった。ダルソンヴァルは、シルヴィアを当たり役とした名エトワールで、その演出には、さすがにフランス伝統の洗練された色彩が継承されている。

もう一つは、1997年初演のノイマイヤーによる現代版。装置も衣裳もモダンで、モニク・ルディエールやマニュエル・ルグリなど当代最高のエトワール陣を集めた舞台は、斬新な牧歌劇として大変好評を博した。

名場面に魅了されるクラシック・バレエ

古代インドの舞姫の悲恋を描いた神秘的バレエ

ラ・バヤデール

バヤデール（ロシアではバヤデルカ）とは、寺院の舞姫の意。プティパの黄金期の代表作で、古代インドを舞台に、舞姫ニキヤと戦士ソロルの悲恋を描いた一大スペクタクル。蛇にかまれて命を落としたニキヤがソロルと再会する《影の王国》は「白いバレエ」の名場面。

あらすじ

第1幕：インドの寺院の前。高潔な戦士ソロルは、狩りに行く途中、寺院に立ち寄る。そこには愛する舞姫ニキヤが待っている。聖なる火を讃える儀式が始まる。そこへニキヤが登場。ニキヤの美しさに魅了された大僧正は、ニキヤに言い寄るが、身分が違うとして、固く拒まれる。二人きりになったニキヤとソロルは、聖なる火の前で愛を誓い合う。その姿を目撃した大僧正は激しく嫉妬し、復讐に燃える。

ソロルの仕えるラジャ（太守）の宮殿。ラジャは、娘のガムザッティとソロルの結婚を取り決める。ソロルは驚くが、ラジャの命には逆らえない。ニキヤが呼ばれ、お祝いの踊りを披露する。ラジャのもとに大僧正が訪れ、ニキヤとソロルの秘めた関係をラジャに漏らす。二人の話を立ち聞きしたガムザッティは、ニキヤを自分のもとに呼ぶ。ニキヤの美しさに驚いたガムザッティは、自分の権勢を見せつけ、ソロルは自分のものと主張するが、ニキヤも譲らず、二人は激しく対立する。ガムザッティは、恋敵のニキヤを亡き者にしようと企てる。

第2幕：ガムザッティとソロルの婚約式。ラジャの宮殿では、婚約の披露宴が盛大に行われている。ガムザッティとソロルが一緒に踊り、宴たけなわとなったところへ、ニキヤが入ってく

台本：セルゲイ・フデコフ、マリウス・プティパ
音楽：ルートヴィヒ・ミンクス
振付：マリウス・プティパ
初演：1877年2月4日ペテルブルク、ボリショイ劇場（帝室バレエ団）
構成：全4幕
その他の代表的な版：
1904／17年　アレクサンドル・ゴルスキー版（ボリショイ・バレエ団）
1941年　ワフタング・チャブキアーニ／ウラジーミル・ポノマリョフ版（キーロフ・バレエ団）
1980／89年　ナタリヤ・マカロワ版（ABT ／英国ロイヤル・バレエ団）
1991年　ユーリー・グリゴローヴィチ版（ボリショイ・バレエ団）
1992年　ルドルフ・ヌレエフ版（パリ・オペラ座バレエ団）
1998年　パトリス・バール版（ミュンヘン・バレエ団）
2002年　セルゲイ・ヴィハレフ版＝プティパの1900年改訂版の復元（マリインスキー・バレエ団）
2002年　ウラジーミル・マラーホフ版（ベルリン国立歌劇場バレエ団）
2016年　金森穣『ラ・バヤデール–幻の国』（Noism）
2019年　ナチョ・ドゥアト版（ミハイロフスキー劇場バレエ団）

古代インドが舞台の作品、異国情緒も味わいのうち。

第3幕、戦士ソロル(デニス・ロヂキン)は舞姫ニキヤ(スヴェトラーナ・ザハーロワ)を失い、絶望する。夢の世界に逃避して彼女の幻影と踊る(ボリショイ・バレエ団)。

第2幕のソロルの婚約式。ニキヤは悲しみの中、花かごを手に踊る。

る。ソロルの前で踊るが、悲しみをこらえきれない。踊りの途中で、ガムザッティの侍女から花かごを手渡される。ソロルに渡そうと、花を取った瞬間、かごの中に隠されていた毒蛇にかまれて、ニキヤは息絶える。

第3幕：ソロルの部屋。愛するニキヤを失い、絶望したソロルは、阿片を吸って夢の世界に逃避しようとする。

　影の王国。ソロルは、夢の世界で、死んで幻影となった巫女たちの中に、ニキヤの姿を見つける。ニキヤは、自分を裏切ったソロルを許す。

第4幕：神殿。夢から覚めたソロルを待っていたのは、ガムザッティとの結婚式であった。祝宴の最中、ニキヤの幻影が現れるが、それはソロルにしか見えない。大僧正が、式を執り行おうとした途端、突然、雷鳴がとどろき、神殿が崩れ落ち人々は逃げ惑う。残ったソロルは、ニキヤに導かれ、二人は永遠に結ばれる。

みどころ

　プティパのバレエの中でも、これほどインドのエキゾティスムたっぷりのバレエはないだろう。神殿の豪華な装置や、華やかな衣裳の数々。婚約式の前に繰り広げられるパレードでは、輿に乗ったガムザッティや象に乗ったソロルが登場し、目を楽しませる。婚約式のディヴェルティスマンでは、黄金の神像や壺の踊りといったインドらしい踊りも登場。

　対照的に《影の王国》は「バレエ・ブラン」のロマンティックな世界。白いチュチュをまとった精霊たちが、アラベスク・パンシェを繰り返しながら山を下りてくるシーンは、『白鳥の

領主の愛娘ガムザッティ（マリーヤ・アレクサンドロワ）はニキヤの恋人ソロルを奪う。トップ・バレリーナ二人によるライバル心むき出しの演技も見どころ。

第3幕、白いチュチュの精霊たちが次々と山を下りてくる《影の王国》は、幽玄の世界。

湖』の第2幕と並んで、ため息が出るほど美しい。幻影となったニキヤとソロルのパ・ド・ドゥは、神秘的で、このバレエの最大の見どころ。ニキヤには、第1幕のソロをはじめ、第2幕の花かごのソロの見せ場もある。婚約式の場では、ガムザッティの華やかなソロやソロルの高い跳躍力を披露したソロなどが大きな見どころである。

演出のさまざまな変遷

『ラ・バヤデール』全4幕は、1919年以降、最終幕の神殿崩しの場が省略され、全3幕版で上演されるようになる。これは、1917年のロシア革命で、舞台機構が失われたり、裏方の人員が不足したことなどが原因と言われている。西側にこのバレエが紹介されたのは、1961年のキーロフ・バレエ団のパリ公演で、この時、《影の王国》でソロルを踊った天才舞踊手ヌレエフはセンセーショナルな西側デビューを飾り、まもなく亡命。それから約30年後の1992年、ヌレエフは、パリ・オペラ座で『ラ・バヤデール』全3幕版を制作。これは、ヌレエフ自身が踊ったキーロフ版に準拠し、第3幕《影の王国》で終わるが、豪華絢爛なヌレエフ版は、今でも不動の人気を保つ。

これに先立って、1980年に初演されたマカロワ版全3幕は、失われていた第4幕の結婚式から神殿崩しの場面を復活させた。物語を手際よく完結させたこの版は、世界的に最も広く上演されている。そして、2002年、やはりキーロフ・バレエ団の伝統を受け継いだヴィハレフが、1900年のプティパ最後の改訂版を復元上演し、画期的な成果を挙げた。とりわけ第4幕の結婚式のパ・ダクシオン(劇的な状況を表す一連の踊り)に見応えがある。

おもちゃ屋で人形たちが繰り広げる踊りの饗宴

人形の精

人形をテーマにしたバレエで有名なのはまず『コッペリア』。次いでウィーンで生まれた『人形の精』も大変人気が高く、ロシアで大輪の花を咲かせた。真夜中の人形店を舞台に、人形の精に生命を吹き込まれた世界各国の人形たちが生き生きと踊りだす夢の世界。

音楽：ヨーゼフ・バイヤー
振付：ヨーゼフ・ハスライター
初演：1888年10月4日ウィーン宮廷歌劇場
構成：全1幕

その他の代表的な版

1901年	イワン・フリュースティン版（ボリショイ劇場）
1903年	ニコライ&セルゲイ・レガート兄弟版（エルミタージュ劇場、マリインスキー劇場）音楽にチャイコフスキー、ドリゴ、ルビンシテイン、リャードフを加筆
1989年	コンスタンチン・セルゲーエフ版（ワガノワ・バレエ・アカデミー）
2015年	ニコライ・ツィスカリーゼ版（同上）
2016年	バクスト生誕150周年記念公演（マリインスキー劇場）

あらすじ

*ツィスカリーゼ版による

ここは機械仕掛けの人形を売る店。昼間はお客で賑わうが、店じまいした後の店は物音もせずひっそりとしている。そこへひときわ優美な人形の精が登場、仲間の人形たちの目を覚まし、次々に踊らせていく。うさぎ、わがままな人形、チロル、赤ちゃん人形、道化、アルルカン、ロシアの人形、おじぎをする男、兵隊とチロル人形の行進、中国人形、フランス人形、日本人形、スペイン人形、パ・ド・トロワ（人形の精とピエロ二人の踊り）など実にさまざまな国々の人形たちが現れ、ファンタジーの世界に誘う。

左はスペイン人形、右はうさぎ。初演時のレオン・バクストの衣裳を再現（ワガノワ・バレエ・アカデミー）。

みどころ

甘美で軽やかな音楽に乗せて、人形たちの多彩な踊りが楽しめるのが何より。主役はプリンセスのような人形の精。美しい人

人形の精に求愛する二人のピエロ。コミカルに踊られるパ・ド・トロワ。各国の人形の踊りという構成の楽しさから、世界中に広まった。

形の精に二人のピエロが求愛するパ・ド・トロワはユーモアに溢れ、バレエ・コンサート等でも人気が高い。

人形たちのお国柄や特徴を表した装いが実に愛らしい。トップのうさぎは耳を付けた鼓手、チロルは白と赤のコントラストがいかにもスイス的、スペイン人形が手にするのはカスタネット。中国や日本の人形も顔を見せる。真っ赤な帽子のチロル人形と兵隊たちの行進は、人形の可憐な魅力を引き出して見応えがある。

オペラ座の二つの版

『人形の精』は、宮廷劇場で初演される半年前に、慈善公演で『人形店で』の題名で上演されている。これは、ウィーンやパリの社交界の花形であったメッテルニヒ侯爵夫人（宰相メッテルニヒの孫）の依頼で作られたパントマイム劇で、夫人自身もお店の主人役で出演したという。この公演が好評だったことから、まもなく本格的なプロのバレエ団のための『人形の精』が誕生、世界へ広まるきっかけを作る。

1903年のレガート版では、衣裳はレオン・バクスト。キャストは、人形の精がマチルダ・クシェシンスカヤ、スペイン人形がアンナ・パヴロワ、チロルの人形がオリガ・プレオブラジェンスカヤ、中国の人形がアグリッピナ・ワガノワ、ピエロがセルゲイ・レガートとミハイル・フォーキンと錚々たる顔触れが並ぶ。人形の精と二人のピエロの踊りは、この時に振り付けられた。

2013年、ワガノワ・バレエ・アカデミーの校長に就任したニコライ・ツィスカリーゼは、『人形の精』組曲を構成。この作品をロシアで初演したエルミタージュ劇場に敬意を表し、2015年、劇場の創立250年祭で上演した。

中世のエキゾティスム溢れる歴史巨編

ライモンダ

ロシア古典バレエの巨匠プティパの最後の大作。グラズノフの名旋律に乗せて、
中世を舞台に、美しい令嬢ライモンダと十字軍の騎士ジャン・ド・ブリエンヌの
ロマンスが展開する。フランス、アラブ、ハンガリーと移り変わる舞台の様式美が見事だ。

台本：リディア・パシュコワ、マリウス・プティパ
音楽：アレクサンドル・グラズノフ
振付：マリウス・プティパ
初演：1898年1月19日ペテルブルク、
マリインスキー劇場（帝室バレエ団）
構成：全3幕
その他の代表的な版：
1900年　アレクサンドル・ゴルスキー版
（ボリショイ・バレエ団）
1938年　ワシリー・ワイノーネン版
（キーロフ・バレエ団）
1945年　レオニード・ラヴロフスキー版
（ボリショイ・バレエ団）
1948年　コンスタンチン・セルゲーエフ版
（キーロフ・バレエ団）
1964／65／72／75／83年　ルドルフ・ヌレエフ版
（英国ロイヤル・バレエ団／
オーストラリア・バレエ団／
チューリヒ・バレエ団／ABT／
パリ・オペラ座バレエ団）
1984／2003年　ユーリー・グリゴローヴィチ版
（ボリショイ・バレエ団）
2004年　牧阿佐美版
（新国立劇場バレエ団）
2011年　セルゲイ・ヴィハレフ版=初演版復元上演
（ミラノ・スカラ座バレエ団）

あらすじ

*牧阿佐美振版の全3幕による

プロローグ：騎士ジャン・ド・ブリエンヌは十字軍出征を前に、許嫁のライモンダに婚約の証であるヴェールを手渡す。

第1幕：中世のフランス、プロヴァンス地方。ドリ伯爵夫人の館では、姪のライモンダの誕生日を祝う宴が開かれている。ハンガリー王アンドリュー2世も臨席。客人の一人、サラセンの首領アブデラクマンはライモンダの美しさに惹かれている。そこへジャンから明日帰還するという知らせが入る。

ライモンダは自室で、友人のヘンリエット、クレメンス、ベルナール、ベランジェと共に、ジャンの肖像画を眺めている。一人になるとライモンダは眠りに落ちる。

夢の中で、ライモンダはジャンと再会し、幸福に浸る。

第2幕：ドリ伯爵夫人の城の中庭。翌日、城ではジャンを迎える準備が進む。そこへサラセンの首領であるアブデラクマンが、多数の家臣たちを率いて到来。その激しい求愛に、ライモンダは戸惑う。アブデラクマンは、踊りの余興を披露。その混乱に乗じて、ライモンダを誘拐しようとする、その時、ジャンが到着。ジャンとアブデラクマンは、ライモンダを巡って対決し、ジャンが勝利する。アンドリュー2世とドリ伯爵夫人の許しを得て、ライモンダとジャンは結婚

第1幕、ドリ伯爵夫人の館でのライモンダの誕生日の祝宴（新国立劇場バレエ団）。

を許される。

第3幕：結婚式。王の列席のもと、ジャンとライモンダの結婚式が行われる。ハンガリー風のディヴェルティスマンが繰り広げられ、宴たけなわに。

第1幕、婚約者から贈られたヴェールを手に踊るライモンダ（スヴェトラーナ・ザハーロワ）。

みどころ

主役のライモンダには、全部で5つのヴァリエーションがあり、冒頭から最後の幕まで出ずっぱり。二人の騎士から愛を告白され、精神的に成長を遂げていく過程が見どころである。特に第3幕の《グラン・パ・クラシック》で踊られるヴァリエーションが有名。ピアノ伴奏に合わせて、ほとんどパ・ド・ブレのみで踊られる。特に超絶技巧の見せ場はない代わりに、威厳や風格が求められ、プリマ・バレリーナの技量の見せどころである。この《グラン・パ・クラシック》は、ハンガリー様式で、主役二人の踊りのほか、女性ソリストの踊りや男性4人によるパ・ド・カトルなども楽しめる。

プティパ版では、マイムのみの役柄であったアブデラクマン（アブデラフマン）に踊りの見せ場を設ける演出も少なくない。グリゴローヴィチ版では、第2幕のスペインの踊りに加わり、ヌレエフ版では、2曲の大きなソロがあり、ジャンとの火花を散らす対決ぶりが見ものとなっている。

蘇演されたプティパ初演版

2011年10月、ミラノ・スカラ座で、マリインスキー劇場のセルゲイ・ヴィハレフによって復元されたプティパの初演版上演は非常な成功を収めた。『眠れる森の美女』や『ラ・バヤデール』などの復元に続く快挙である。初演当時の舞台美術や、帝室劇場支配人フセヴォロジスキーがデザインした色彩豊かな衣裳も、スカラ座のアトリエの協力により見事に復元され、往時の舞台を彷彿させる輝き。マイムが多いのも特徴（城の守護神、白の貴婦人が登場）だが、マイムも踊りも音楽に自然に溶け込んで、流れるように進行する。子供たちも交えた人海戦術の舞台や多彩な民族舞踊は、19世紀ロシア・バレエの良き時代を偲ばせる内容であった。

フランス革命に生きる民衆のエネルギー

パリの炎

グラン・パ・ド・ドゥは、ガラなどでおなじみ。全幕上演はしばらく途絶えていたバレエだが、近年復活が進み、作品の全体像が明らかに。1789年のバスティーユ襲撃から数年後、パリに進軍するマルセイユ義勇兵たちが革命の勝利を手にするまでを描く。

原作：フェリックス・グラ『Les Rouges du Midi』
台本：ニコライ・ヴォルコフ、ウラジーミル・ドミトリエフ
音楽：ボリス・アサフィエフ
振付：ワシリー・ワイノーネン
初演：1932年11月7日レニングラード、
国立アカデミー・オペラ・バレエ劇場
同日モスクワ、ボリショイ劇場で第3幕を上演
1933年7月　同上　全幕再演
構成：全3幕7場
その他の代表的な版
2008年　アレクセイ・ラトマンスキー版
（ボリショイ・バレエ団）
2013年　ミハイル・メッセレル版
（ミハイロフスキー劇場バレエ団）

あらすじ

*メッセレル版の全3幕による

第1幕第1場：1792年、革命の気運が高まる南仏マルセイユ郊外のボールガール侯爵の領地。村娘のジャンヌは、侯爵一行に横暴な仕打ちを受けたところを、パリへ進軍中の義勇兵フィリップに助けられる。ジャンヌは、家族と共にマルセイユ義勇軍に加わり、パリへ向かう。

第1幕第2場：パリの王宮では、国王ルイ16世と王妃マリー・アントワネットが舞踏会を開いている。女優のミレイユと俳優のミストラルが即興劇を披露。マルセイユからパリに戻ったボールガール侯爵が、プロイセンとの密約の文書を読み上げ、国王に署名を促す。ためらいながらも国王は署名し、その場を去る。宴が続く中、ミストラルは偶然、密約の文書を見つけるが、侯爵に撃たれてしまう。銃声を聞いたミレイユが駆けつけると、既にミストラルは息絶え、その手にある文書を読んだミレイユは、自分の使命を悟る。「ラ・マルセイエーズ」が鳴り響く。

第2幕第1場：夜、パリの広場に市民が集まっている。バスクやオーヴェルニュの地方の男たちが武装した姿に人々は喜ぶ。バスク人のテレーザも先頭に立って闘志を示す。女優ミレイユ

旧ソ連時代の革命記念日に初演されたドラマティックなバレエ作品（ミハイロフスキー劇場バレエ団）。

第3幕、ジャンヌ(アンジェリーナ・ヴォロンツォーワ)とフィリップ(イワン・ザイツェフ)の踊り。ガラでもよく踊られる見せ場の多いグラン・パ・ド・ドゥ。

歴史的なフランス革命を題材にした作品だが、第3幕は一転、アレゴリック・ダンスとなり、三色旗が舞台全面に広がる。

が駆けつけ、貴族の裏切りを伝えると、フィリップの先導で、群衆は王の住まいであるチュイルリー宮殿を襲撃しようと勢いづく。

第2幕第2場：チュイルリー宮殿の襲撃。武装した人々が宮殿になだれ込んでくる。国王一家の警護に当たっていたボールガール侯爵が逮捕され、テレーザは将校に銃で撃ち殺されてしまう。しかし、民衆は闘いに勝利し、宮殿を占拠、三色旗が高々と掲げられる。

第3幕：チュイルリー宮殿で、民衆が勝利を祝って踊っている。ミレイユが、乙女たちと三色旗を掲げて自由と平等と友愛のダンスを踊る。この日は、ジャンヌとフィリップの結婚式で、二人は人々の前で踊りを披露する。革命を象徴するかのようなエネルギーが炸裂。自由を賛美しつつ舞台は幕を閉じる。

みどころ

第3幕のジャンヌとフィリップのグラン・パ・ド・ドゥはやはり白眉。三色旗をあしらった衣裳はこの作品ならでは。男勝りのジャンヌと勇壮なフィリップの弾けるような技巧の掛け合いが見ものである。これに対し、もう一人の主役と言うべきが、女優ミレイユで、第1幕では俳優のミストラルと優雅に共演、第3幕ではアレゴリック・ダンス（自由・平等・友愛）の「自由」のパートを晴れやかに踊って、舞台を盛り上げる。

　第2幕第1場に登場するバスクの踊りは、ワイノーネン版を尊重した振付で、躍動的な音楽に乗ったエネルギッシュなステップが興奮を誘う。全体に民衆のパワーが炸裂する群舞が圧巻で、ロシア・バレエの醍醐味を堪能させる。

バスク人のテレーザと仲間たちが踊るバスクの踊りは、全身で喜びを表すかのようで、全体に民衆のパワーが炸裂する。

旧ソ連時代の革命記念日に初演

作曲のアサフィエフは、フランス語にも通じ、フランス贔屓なだけにリュリやグレトリの楽曲を引用した旋律が、いかにもフランス的な色彩を伝える。

振付のワイノーネン（1901―1964）は、ショスタコーヴィチの『黄金時代』（1930）や『くるみ割り人形』の改訂振付(1934)などで知られる旧ソ連を代表する名バレエ・マスター。『パリの炎』は二作目のバレエに当たる。

バレエは、社会主義革命15周年を記念して制作、革命記念日に初演された。

ラトマンスキーによる2幕4場の新版は、2017年の日本公演でも紹介されているが、ジャンヌの兄ジェロームと侯爵令嬢アデリーヌの身分を超えた恋のエピソードを交え、最後は革命の渦に飲み込まれる民衆の姿に、現代のテロや戦争の悲劇を重ねた点がユニークである。

第1幕2場、ミレイユ（イリーナ・ペレン）とミストラル（ヴィクトル・レベデフ）の即興劇。

20世紀以降のドラマティック・バレエ

シェークスピアの不朽の名作　ヴェローナの恋人たちの悲恋

ロミオとジュリエット

シェークスピアの悲劇を題材としたドラマティック・バレエの最高峰。イタリアの古都ヴェローナの、対立する二つの名家に生まれたロミオとジュリエットの運命の出会いから、悲劇的な結末までを壮大なタッチで描いたもの。プロコフィエフの名旋律は特に有名。

原作：ウィリアム・シェークスピア
台本：セルゲイ・プロコフィエフ、セルゲイ・ラドロフ
音楽：セルゲイ・プロコフィエフ
振付：イヴォ・ヴァーニャ・プソタ
初演：1938年12月30日チェコ、ブルノ国立バレエ団
構成：全3幕
その他の代表的な版（プロコフィエフ音楽）：
1940／46年　レオニード・ラヴロフスキー版（キーロフ・バレエ団／ボリショイ・バレエ団）
1958／62年　ジョン・クランコ版（ミラノ・スカラ座バレエ団／シュツットガルト・バレエ団）
1965年　ケネス・マクミラン版（英国ロイヤル・バレエ団）
1971／74年　ジョン・ノイマイヤー版（フランクフルト・バレエ団／ハンブルク・バレエ団）
1977／80／84年　ルドルフ・ヌレエフ版（ロンドン・フェスティヴァル・バレエ団／ミラノ・スカラ座バレエ団／パリ・オペラ座バレエ団）
1978／79年　ユーリー・グリゴローヴィチ版（パリ・オペラ座バレエ団／ボリショイ・バレエ団）
1990年　アンジュラン・プレルジョカージュ版（リヨン・オペラ座バレエ団）
1996年　ジャン=クリストフ・マイヨー版（モンテカルロ・バレエ団）
1998年　ナチョ・ドゥアト版（スペイン国立バレエ団）
2008年　クシシトフ・パストール版（スコティッシュ・バレエ団）
2017年　アレクセイ・ラトマンスキー版（ボリショイ・バレエ団）
2019年　マシュー・ボーン版（ニュー・アドベンチャーズ）

あらすじ

第1幕：街の広場。ヴェローナの名門モンタギュー家とキャピュレット家は、仇同士。今日も両家の間でいさかいが起こり、やがて両家の当主が加わっての乱闘に発展。そこに現れたヴェローナの大公の仲裁で、騒ぎはようやく収まる。

ジュリエットの部屋。キャピュレット家の令嬢ジュリエットは、まだ遊びたい盛り。両親から、求婚者のパリスを紹介されるが、実感がわかない。

キャピュレット家の舞踏会。モンタギュー家のロミオは、親友のマキューシオとベンヴォーリオを誘い、仮面で変装して舞踏会へ。出会った瞬間、ロミオとジュリエットは恋に落ちる。

夜、ジュリエットはロミオのことを思い、バルコニーに出る。突然、暗闇から現れたロミオ。二人は互いの愛を打ち明ける。

第2幕：広場。雑踏の中にジュリエットの乳母が現れる。ロミオを見つけると、ジュリエットからの手紙を渡す。結婚を承諾した手紙を読んだロミオは、急ぎ教会へ向かう。

ロミオとジュリエットは、僧ロレンスのもとで、秘密の結婚式を挙げる。ロレンスは、二人の結婚が、両家の仲直りにつながることを望んでいる。

広場では、再び両家の争いが始まる。マキューシオは、キャピュレット家のティボルトを怒

第1幕、宿敵キャピュレット家の舞踏会に
しのび込んだロミオはジュリエットに出会う。

英国ロイヤル・バレエ団の舞台より。ジュリエット（フランチェスカ・ヘイワード）とロミオ（スティーブン・マックレー）。

若い二人の情熱がほとばしるようなデュエットが展開される、第1幕《バルコニーのパ・ド・ドゥ》より。

らせ、刺し殺されてしまう。ロミオは、ティボルトを殺し、親友の仇をとるが、マントヴァに追放される。

第3幕：ジュリエットの部屋。ロミオとジュリエットは、別れを惜しんで、一夜を過ごす。夜が明け、ロミオは出発しなければならない。ジュリエットの両親が入ってきて、パリスとの結婚を命じるが、ジュリエットは固く拒む。思案の末、ジュリエットは、僧ロレンスのもとへと急ぐ。ロレンスは、ジュリエットに、眠り薬の瓶を渡す。これを飲むと、仮死状態になり、ロミオが迎えに来てくれるよう取りはからうという。

その夜、ジュリエットは、パリスとの結婚を承諾するが、例の薬を飲み干す。結婚式の朝、両親がやってきた時、ジュリエットはすっかり冷たくなっていた。遠いマントヴァで、ジュリ

モンタギュー家とキャピュレット家は仇同士。一触即発で毎日、乱闘が巻き起こる。

エットの死を知らされたロミオは、急ぎヴェローナに戻ってくる。不運にもロレンスの伝言は届いていなかった。

　キャピュレット家の墓所。ジュリエットが死んだものと思い込んだロミオは、毒をあおる。やがてジュリエットが目覚め、息絶えたロミオを見つけると、短剣で自らの胸を突く。二人の犠牲によって、両家の人々は、和解する。

みどころ

　両家の争いの活劇風のシーンをはじめ、ロミオとジュリエットの出会いから別れまで、劇的な起伏に富んだ舞台からは終始目が離せない。とりわけジュリエットの心理的葛藤はドラマの核となり、ラストの死の場面は壮絶ですらある。踊りのハイライトは、第1幕の最後、ロミオとジュリエットによる《バルコニーのパ・ド・ドゥ》。音楽的にも大変叙情的で、若い二人の情熱がほとばしり出るような熱いデュエットが展開される。スピーディーな動きや高いリフトなどに見応えがある。

　登場人物の中では、マキューシオの陽気なキャラクターとティボルトの凄みがコントラストをなし、二人の決闘シーンは手に汗握る迫力。リアルな演技に引き込ませる中盤の山場である。

さまざまな音楽による上演

　バレエ『ロミオとジュリエット』は、プロコフィエフの音楽によるものが最も親しまれているが、以前から、その他の音楽を使った作品も数々生まれている。

　例えば、1926年に、ブロニスラワ・ニジンスカがバレエ・リュスのために振り付けたものは、音楽がコンスタント・ランバート。バレエのリハーサル中に、ロミオとジュリエットが駆け落ちするという前衛的な作風が賛否を呼んだという。この時、ロミオ役を演じたセルジュ・リファールは、1942年に、チャイコフスキー作曲の幻想序曲『ロミオとジュリエット』を使って、2人だけの出演者によりドラマを物語るという、恐らく世界で最も簡潔な『ロミオとジュリエット』を創作している。

　ベルリオーズ作曲の劇的交響曲『ロミオとジュリエット』に振り付けたものとしては、モーリス・ベジャール版（1966年、20世紀バレエ団）と、サシャ・ヴァルツ版（2007年、パリ・オペラ座バレエ団）が挙げられる。とりわけベジャール版の舞台は、人間愛をテーマに、大空間を使った壮大なスペクタクルが伝説となっている。

　ヴァルツ版は、舞台に巨大なパネルを設置。主役二人を中心とした、象徴的な演出に現代性を打ち出し、話題となった。

ペローの童話から生まれたファンタジーの世界

シンデレラ

ガラスの靴に、かぼちゃの馬車。おなじみペローの童話の『シンデレラ』から生まれたバレエ。
薄幸の娘シンデレラが、仙女の魔法により、舞踏会へ行き、
王子と結ばれるまでを夢溢れるストーリー展開で描いている。

原作：シャルル・ペロー
台本：ニコライ・ヴォルコフ
音楽：セルゲイ・プロコフィエフ
振付：ロスチスラフ・ザハーロフ
初演：1945年11月21日ボリショイ劇場
構成：全3幕
その他の代表的な版：
1946年　コンスタンチン・セルゲーエフ版（キーロフ・バレエ団）
1948年　フレデリック・アシュトン版（サドラーズ・ウェルズ・バレエ団）
1985年　マギー・マラン版（リヨン・オペラ座バレエ団）
1986年　ルドルフ・ヌレエフ版（パリ・オペラ座バレエ団）
1992年　ジョン・ノイマイヤー版（ハンブルク・バレエ団）
1997／2010年　マシュー・ボーン版（AMP／ニュー・アドベンチャーズ）
1999年　ジャン=クリストフ・マイヨー版（モンテカルロ・バレエ団）
2002年　アレクセイ・ラトマンスキー版（マリインスキー・バレエ団）
2004年　ウラジーミル・マラーホフ版（ベルリン国立バレエ団）
2010年　デヴィッド・ビントレー版（バーミンガム・ロイヤル・バレエ団）

あらすじ

第1幕：シンデレラの家。母のいないシンデレラは、継母と二人の義理の姉にいじめられる毎日。衣服は粗末でも、その姿は輝くように美しい。醜い二人の姉は、今夜の舞踏会に出かける準備に大忙し。どこからか見知らぬ物乞いの老女が入ってくる。継母たちは冷たく追い返そうとするが、シンデレラは、優しくもてなす。老女は、感謝して立ち去る。姉たちがいそいそと舞踏会へ出発し、独りになったシンデレラは、舞踏会を夢見て踊る。そこへ先ほどの老女が仙女となって現れ、ガラスの靴を出し、四季の精を呼び出す。時計が12時を告げる前に帰ってくるようにという仙女の忠告を胸に、美しく着飾ったシンデレラは、かぼちゃの馬車に乗って、舞踏会へ向かう。

第2幕：宮廷の舞踏会。貴族たちが踊っているところへ、継母と二人の姉が到着する。ファンファーレと共に、凛々しい王子が現れる。二人の姉は、王子に近づくが、相手にされない。そこへシンデレラが入ってくる。輝くような美しさだが、誰もシンデレラだと気づかない。王子がシンデレラに踊りを申し込み、二人は時の経つのを忘れて踊り続ける。気がつくと、時計は12時を打ち始め、仙女との約束を思い出したシンデレラは、その場から逃げるように立ち去る。後に残った小さなガラスの靴を見つけた王子は、シンデレラを

クリスマス時期に上演されることが多いバレエ作品。アシュトン版では男性がシンデレラの義姉をコミカルに演じる（英国ロイヤル・バレエ団）。

仙女の魔法により、シンデレラ（米沢唯）はかぼちゃの馬車で宮殿へ向かう（新国立劇場バレエ団）。

必ず探し出すことを誓う。

第3幕：舞踏会の後。王子は、シンデレラを探し求めて、各国へ旅に出る。

シンデレラの家。シンデレラは、片方の靴を取り出し、昨夜の楽しかった舞踏会を思い出す。そこへ王子の一行が訪れる。継母と姉たちは、我こそはと、必死に靴をはこうとするが、誰の足にも入らない。シンデレラが思わず進み出たとたん、ポケットからガラスの靴がすべり落ちる。王子はすべてを悟る。二人は、手を取り合い、幸福に満たされて踊る。

みどころ

第1幕における貧しい身なりでも心の優しいシンデレラの心理表現がまず見どころ。第2幕の舞踏会では、豪華に着飾ったシンデレラが見違えるように美しく、このバレエの名場面の一つ。シンデレラと王子の愛のパ・ド・ドゥでは、ロマンティックなムードを味わいたい。

第1幕の四季の精のソリストたちの踊りや優雅なワルツに乗せた群舞も見応えがある。

シンデレラの継母や義理の姉たちのユーモラスな演技には独特の味わいがある。アシュトン版では、義理の姉たちを男性ダンサーが女装で演じ、ヌレエフ版では、継母を男性ダンサーがポワントをはいて演じているのがコミカルな笑いを誘う。

いつの時代にも、見る人に夢を与えてくれるバレエである。

ユニークな新版

プロコフィエフの音楽は、ロシア的というよりむしろ西欧の影響を受け近代的。そのため、このバレエは、新しい解釈をさまざま生んできた。中でも最もユニークなのが、パリ・オペラ座バレエ団のヌレエフ版である。1930年代のハリウッドを舞台に、シンデレラというスター誕生物語をモダンなセンスで描き、大成功を収めた。初演では、シルヴィ・ギエムがシンデレラを演じ、ヌレエフ自身も映画プロデューサーとして出演した。

マイヨー版は、シンデレラと王子の愛のみならず、シンデレラの両親の姿も浮かび上がらせ、家族の絆をテーマとしている。

古代ローマの英雄伝による歴史巨編

スパルタクス

古代ローマの圧政に立ち向かった英雄スパルタクスの反乱を主題にした壮麗なスペクタクル。ハチャトゥリアンの劇的でダイナミックな音楽は圧倒的。巨匠グリゴローヴィチによる決定版は、男性舞踊手を広く活躍させ、ロシア現代バレエの偉容を示した傑作。

台本：ニコライ・ヴォールコフ
音楽：アラム・ハチャトゥリアン
振付：レオニード・ヤコブソン
初演：1956年12月27日キーロフ・バレエ団
構成：全4幕
その他の代表的な版：

1958年	イーゴリ・モイセーエフ版（ボリショイ・バレエ団）
1968年	ユーリー・グリゴローヴィチ版（ボリショイ・バレエ団）
1968年	ラースロー・シェレギ版（ハンガリー国立バレエ団）
2002年	レナート・ツァネラ版（ウィーン国立バレエ団）
2008年	ゲオルギー・コフトゥン版（レニングラード国立バレエ団）

ローマ軍の戦勝を喜ぶ司令官クラッススと情婦エギナ。

あらすじ

*グリゴローヴィチ版の全3幕による

第1幕第1場：侵略。紀元前73年から71年頃。近隣諸国を次々に征服してきたローマ軍が、司令官クラッススに率いられ進撃してくる。スパルタクスと妻フリギアも捕虜となる。

第1幕第2場：奴隷市場。捕虜たちが選別されている。スパルタクスは、フリギアを守ろうとするが、引き裂かれてしまう。

第1幕第3場：クラッスス邸。フリギアは、クラッススに買い取られた。フリギアに関心を示したクラッススに、情婦エギナがすかさず近づき、妖艶な身振りで主人の気を引く。酒宴の余興に、2人の剣奴による決闘が始まる。勝者となったのはスパルタクス。決闘で仲間を殺したことへの悔恨が、権力者への怒りを燃え立たせる。

第1幕第4場：剣奴の営舎。スパルタクスは、仲間に圧政への抵抗を訴え、一同は蜂起を誓い合う。

第2幕第1場：アッピア街道。反乱軍は、またたく間に膨らんでいき、スパルタクスはリーダーに選ばれる。

第2幕第2場：クラッススの別荘。スパルタクスは、ようやくフリギアと出会い、再会を喜ぶ。

第2幕第3場：クラッススの勝利。勝利の祝宴が開かれている。そこへ、反乱軍による包囲が伝えられ、スパルタクスが飛び込んでくる。

第2幕第4場：スパルタクスの勝利。捕えられたクラッススは、スパルタクスに命乞いをし、その場から追い返される。

第3幕第1場：クラッススの復讐。敗者となり嘲笑されたクラッススは、エギナと復讐を誓う。

第3幕第2場：スパルタクスの陣営。エギナが忍び込んできて、フリギアは、不吉な予感に襲わ

バレエ『スパルタクス』はローマ軍の侵略に立ち向かう英雄を主人公にした壮大な作品（ボリショイ・バレエ団）。

第1幕冒頭、敵役のクラッスス（アレクサンドル・ヴォルチコフ）の印象的な登場シーン。

れる。

第3幕第3場：不和。エギナは、スパルタクスの部下たちを乱痴気騒ぎに誘い、寝返るようにそそのかす。油断したところへ、突如ローマ軍が攻めてきて、制圧されてしまう。

第3幕第4場：最後の戦い。クラッススに率いられ、ローマ軍は、反乱軍を包囲していく。奮戦するスパルタクスも力尽き、壮絶な最期を遂げる。残されたフリギアたちは、亡き英雄にレクイエムを捧げる。

フリギア（スヴェトラーナ・ルンキナ）とスパルタクス（イワン・ワシリーエフ）。

みどころ

ハチャトゥリアンの金管と打楽器を駆使した音楽は、劇的な迫力十分。ほとんどのバレエの主役は女性だが、このバレエでは、タイトルロールのスパルタクスをはじめ、兵士たちの群舞を活躍させるなど男性が主役になっている。

グリゴローヴィチ版では、特にスパルタクスのスケールの大きいジャンプが繰り返され、見る者を興奮に誘う。スパルタクスのみならず、妻フリギア、ローマ司令官クラッスス、その情婦エギナの各々のモノローグやデュエットには、登場人物の心象が刻み込まれ、大きな見どころになっている。とりわけ第3幕のスパルタクスとフリギアの叙情的なデュエットは、アクロバティックなリフトの見せ場もあり、スペクタクル性も豊富。バレエ・コンサートなどで、独立して上演されることが多い。

初演からグリゴローヴィチ版が生まれるまで

『スパルタクス』の上演に関しては、さまざまな紆余曲折があった。その経緯については、ボリショイ劇場で、3種類の版を踊ったマイヤ・プリセツカヤの自伝にも詳しい。初演では、ヤコブソンが、スコアの大部分を削除して作曲家を怒らせ、スキャンダルにまで発展。しかし、バレリーナをドゥミ・ポワントで踊らせるなど新機軸の振付は独創性に富むものであった。2010年には、マリインスキー・バレエ団が、ヤコブソン版をリバイバル上演している。

続く、モイセーエフ版は、原曲を全曲使用した長編であったが、短命に終わり、グリゴローヴィチ版では、台本と音楽を大幅に改訂、新たな編曲による新演出で決定版を生んだ。

20世紀以降のドラマティック・バレエ

東方世界を舞台にした歴史大河バレエ

愛の伝説

古代の東方の国を支配する女王メフメネ・バヌーは、自らの美貌と引き換えに
妹のシリンを不治の病から救うが、シリンの恋人フェルハドへの愛に苦悩。
フェルハドもまた水を渇望する人々のために山を切り拓く「愛と犠牲の物語」である。

台本：ナーズム・ヒクメット
音楽：アリフ・メリコフ
振付：ユーリー・グリゴローヴィチ
初演：1961年3月23日レニングラード、キーロフ劇場（キーロフ・バレエ団）
＊1965年　同版再演　モスクワ、ボリショイ・バレエ団
構成：全3幕

あらすじ

第1幕：女王メフメネ・バヌーの宮殿の一室。女王の妹シリンが不治の病にかかり、宮廷は悲しみに陥っている。どこからか不思議な托鉢僧が現れ、力を貸そうと申し出る。ただし、妹の命と引き換えに女王の美貌を差し出すようにと言う。ためらいながらも承諾する女王。シリンは奇跡のように元気になるが、女王の顔は妹にもわからないほど変わり果ててしまう。

シリンの宮殿の庭園では、フェルハドたち画工が門の飾り付けの仕事中。たまたま通りかかったメフメネ・バヌーとシリンは、一目でフェルハドに惹かれる。しかしシリンとフェルハドは身分の違いを気にする。

第2幕：宮廷の外では、水不足が人々を苦しめている。人々を救うためには、鉄の山から水路を切り拓くしかない。

一方、メフメネ・バヌーは、フェルハドへの恋に悩み、美貌

古代の東方の国を支配する女王メフメネ・バヌー（ヴィクトリア・テリョーシキナ）を主軸に、愛と自己犠牲を描いたバレエ作品（マリインスキー・バレエ団）。

女王の妹シリン（マリーヤ・シリンキナ）は宮廷画工のフェルハド（ウラジーミル・シクリャローフ）と相思相愛の仲となる。

を失ったことを後悔する。そこに愛し合うシリンとフェルハドが駆け落ちしたとの知らせ。女王の怒りは収まらず、二人を捕らえた末、フェルハドに山を切り拓いて水路を造る任務を課す。そうしなければ、シリンとの結婚は許されない。

第3幕：夜、一人で鉄の山に入ったフェルハドは、夢の中で、水が流れる情景の中にシリンの姿を見出す。メフメネ・バヌーもフェルハドへの思いを断ち切ることができない。美貌を取り戻し、フェルハドの愛を得た姿を夢に思い描く。そこへシリンが訪れ、フェルハドのもとへ行かせてもらえるよう懇願。我に返った女王は、妹と共に鉄の山に向かう。二人はフェルハドに再会。女王は、彼に山を下りてシリンと結婚するよう命じる。フェルハドは迷った末、この山に残ることを決意。自らの幸せよりも人々の幸せのために生きる道を選ぶ。

みどころ

各幕に、シリンとフェルハドのパ・ド・ドゥ、シリン、フェルハド、メフメネ・バヌーのパ・ド・トロワを配置。前者では二人の心理の変化を、後者では三角関係の微妙さを明快に描いたところに若き日の振付家の才気が光る。第3幕で、メフメネ・バヌーが夢の中でフェルハドへ愛を告白する情熱的なパ・ド・ドゥを披露するなど見どころに事欠かない。

ロシア・バレエ伝統の高度なテクニック、とりわけスリリングなリフトの数々に圧倒される。民族性、ロマン、哀愁など映画音楽的な展開を思わせる音楽の力は大きい。

国際的なバレエ・プロジェクトとして誕生

ロシア・バレエの巨匠グリゴローヴィチが、出世作となったプロコフィエフ作曲『石の花』（1957）に続いて発表した第２作目のバレエで、初期の傑作に数えられる。

原作はトルコの反体制派の詩人ヒクメット、音楽はアゼルバイジャンのメリコフ、美術はジョージアのシモン・ヴィルサラーゼと、国際的な顔ぶれをスタッフに迎えての一大プロジェクトであった。

初演からまもなく、1965年にはモスクワのボリショイ・バレエ団で、ナタリヤ・ベスメルトノワ(シリン)、マリス・リエパ(フェルハド)、マイヤ・プリセツカヤ(メフメネ・バヌー)の主演で上演される。78年には、同バレエ団の来日公演で紹介された。ボリショイ劇場での初演からちょうど50年後の2015 年、マリインスキー・バレエ団が日本公演で上演し、名花ウリヤーナ・ロパートキナらが名演を繰り広げたのが記憶に新しい。

メフメネ・バヌー（ウリヤーナ・ロパートキナ）と宰相（ユーリー・スメカロフ）。妹のために犠牲を払い美貌を失った女王は、愛するフェルハドと妹の恋に激しく嫉妬。フェルハドに難工事の水路開発を課す。

夢幻的な妖精物語がバレエに

真夏の夜の夢

メンデルスゾーン作曲『真夏の夜の夢』は、元来バレエ音楽ではなく、劇の付随音楽として作曲されたので、編曲によってさまざまな版を生んだ。その中で、シェークスピア生誕400年を記念して制作された英国のアシュトン版は、最もポピュラー。

原作：ウィリアム・シェークスピア
音楽：フェリックス・メンデルスゾーン
振付：ジョージ・バランシン
美術：デイヴィッド・ヘイズ
初演：1962年1月17日ニューヨーク・シティ・センター（NYCB）
構成：全2幕
その他の代表的な版：

1964年	フレデリック・アシュトン版（英国ロイヤル・バレエ団）
1977年	ジョン・ノイマイヤー版（ハンブルク・バレエ団）
1979年	リンゼイ・ケンプ版（リンゼイ・ケンプ・ダンス・カンパニー）
2005年	ジャン=クリストフ・マイヨー版（モンテカルロ・バレエ団）

あらすじ

＊アシュトン振付の全1幕版による

アテネの森の中。妖精王オベロンと妖精の女王タイターニアは、インドからさらってきた美しい少年をめぐって、夫婦喧嘩の真っ最中。オベロンは、タイターニアからなんとか少年を奪い取ろうと、いたずら者の妖精パックに命じて、魔法の花を摘んでこさせる。その花がまぶたに触れると、目を覚ました時、最初に見た相手に恋してしまうのである。そこへ迷い込んできた2組のカップル。最初は相思相愛のハーミアとライサンダー。もう1組は、ハーミアに恋するデミトリアスと、彼の昔の恋人ヘレナ。オベロンは、デミトリアスとヘレナが結ばれるように、デミトリアスの目に、花汁をたらすようにパックに命じる。

その間に、オベロンは、眠っているタイターニアの目に、花の媚薬をたらす。目が覚めたタイターニアは、傍らにいるロバに恋してしまう。このロバは、実は、田舎者のボトムが、パックのいたずらによりロバの姿に変身させられたものである。

一方、恋人たちは、パックが、間違えて、デミトリアスではなく、ライサンダーに媚薬を与えてしまったため、ライサンダーは、ヘレナに夢中。デミトリアスには、オベロンが媚薬をかけたため、男性2人がヘレナを追いかけて、大混乱。ついに見かねたオベロンは、パックを呼ん

アテネの森の妖精たち。妖精の女王タイターニアに仕えている（バーミンガム・ロイヤル・バレエ団）。

妖精王のオベロン（セザール・モラレス）とタイターニア（吉田都）。

で、魔法を解いて、すべてを元に戻すように命じる。タイターニアは、薬から覚めると、目の前にいるオベロンと仲直り。インドの少年をオベロンに渡す。ボトムも人間の姿に戻る。恋人たちも、それぞれ本当の恋人と一緒になって森から去って行く。タイターニアとオベロンの治める森に再び平和が訪れる。

みどころ

アシュトン版では、込み入った物語が整理され、1時間ほどの長さに要領よくまとめられている。タイターニアとオベロンの二人を中心に、妖精パックを縦横無尽に活躍させ、踊りの見せ場も豊富。

終盤、有名な「結婚行進曲」が鳴り響き、クライマックスを迎えたところで、タイターニアとオベロンによって優雅なパ・ド・ドゥが踊られる。タイターニアがふわふわと宙に浮いているように見える振付が夢幻的。またタイターニアが、ロバのボトムに恋して、一緒に戯れるシーンのほほえましいこと。ロバのボトムが、ポワントで歩くシーンもユーモアを誘う。バレエで男性ダンサーがポワントを履く、極めて珍しい例である。妖精パックは、終始舞台を跳び回って魔法の力を振りまいているよう。スケルツォで、パックとオベロンが、張り合うように見せる敏捷なジャンプや回転技が見もの。

名だたる振付家が競作 魅惑の『真夏の夜の夢』

アシュトン版に先駆けて誕生したバランシン版は全2幕版。音楽は、メンデルスゾーンのほかの曲を数曲加えた構成。第1幕で物語はほぼ完結し、第2幕の結婚式は、独立したディヴェルティスマンで、バランシン風の清涼感溢れる踊りの数々が展開される。

ノイマイヤー版は、プロローグ：結婚式前夜、第1幕：夢、第2幕：目覚めと結婚式という構成で、メンデルスゾーンの原曲のほかに、夢の世界に、リゲティの電子音楽を用い、人間と妖精の世界を巧妙に対比させることに成功している。宮廷の場面では、古典的な雰囲気が味わえ、夢の世界では、タイターニア、オベロン、パックらが、総タイツ姿で、アクロバティックな動きを繰り広げる。

『夢』と題されたマイヨー版は、ノイマイヤーのアイディアをさらに一歩進めたもので、アテネ人、妖精、職人という3つの愛情の世界を軸に展開される。妖精と職人の世界は、現代音楽で踊られ、ダンスと演劇の融合が図られている。

愛の葛藤を描いたクランコの物語バレエの傑作

オネーギン

プーシキンの有名な韻文小説が、奇才クランコの手によってバレエに生まれ変わり、20世紀ドラマティック・バレエの最高峰に。初演で、ヒロインのタチヤーナに扮したマリシア・ハイデの類まれな名演は、このバレエ作品と共に不滅である。

原作：アレクサンドル・プーシキン『エヴゲニー・オネーギン』	
音楽：ピョートル・イリイチ・チャイコフスキー（クルト=ハインツ・シュトルツェ編曲）	
台本・振付：ジョン・クランコ	
美術：ユルゲン・ローゼ	
初演：1965／67年4月13日シュツットガルト・バレエ団	
構成：全3幕	
その他の代表的な版：2009年　ボリス・エイフマン版（エイフマン・バレエ）	

あらすじ

第1幕第1場：ラーリナ夫人邸の庭。ラーリナ夫人には、二人の娘がいる。姉のタチヤーナは夢想家で、読書に夢中。妹のオリガは陽気で明るい性格である。姉娘タチヤーナの誕生日のお祝いを前に、ラーリナ夫人は、古い言い伝えを話す。鏡を覗くと、恋する人が現れる、と。オリガが鏡を覗くと、婚約者である詩人のレンスキーが立っている。

第2幕、タチヤーナの誕生日に人々が集う、ラーリナ夫人邸。

今度はタチヤーナが覗くと、鏡には見知らぬ人物が。それは、レンスキーの友人で、ペテルブルクから来たオネーギンであった。タチヤーナは、この都会的な青年に恋いこがれるが、オネーギンは、田舎娘のタチヤーナにまったく関心を示さない。

第1幕第2場：タチヤーナの寝室。タチヤーナは、オネーギンへの燃える恋心を手紙に綴っている。夢の中で、鏡の中から現れたオネーギンと一緒に踊ったタチヤーナは、夢見心地で手紙を書き上げる。

第2幕第1場：タチヤーナの誕生日。オネーギンは、ラーリナ夫人邸での田舎の生活に飽き飽きし、タチヤーナからの手紙に喜ぶどころかいら立つ。タチヤーナの誕生祝いに招かれたというのに、その目の前で恋文を破いてしまう。深く傷つき悲しむタチヤーナ。ラーリナ家の遠縁

第1幕、読書好きで夢見がちな、タチヤーナ（ドロテ・ジルベール）は、妹の婚約者の友人オネーギン（ユーゴ・マルシャン）に恋心を抱く（パリ・オペラ座バレエ団）。

第3幕《手紙のパ・ド・ドゥ》。グレーミン公爵邸での再会。匂いたつような美貌の公爵夫人となったタチヤーナに、オネーギンは後悔と激情にかられながら求愛する。

のグレーミン公爵が同情する。一方、オネーギンは、退屈しのぎに、オリガに言い寄り、レンスキーを怒らせて、二人は決闘することになってしまう。

第2幕第2場：決闘。荒涼とした野原で決闘が行われる。オネーギンは、友人を殺してしまい、罪の意識にさいなまれる。

第3幕第1場：サンクトペテルブルク。月日が経ち、放浪の末、オネーギンはサンクトペテルブルクに戻ってくる。グレーミン公爵邸で催された舞踏会に出席したオネーギンは、今や公爵夫人となったタチヤーナの毅然とした美しさに驚き、自分が犯したあやまちを深く悔いる。

第3幕第2場：タチヤーナの私室。タチヤーナは、オネーギンからの求愛の手紙に動揺を隠せない。そこへ、激情にかられたオネーギンが入ってきて、愛を告白する。タチヤーナは、変わ

らぬ愛情を認めながらも、断固として、オネーギンの求愛を拒み、その目の前で手紙を破く。オネーギンは、絶望して去っていく。

みどころ

これほど簡潔明瞭に、主人公たちの心のひだを描き出したバレエは少ないだろう。19世紀初頭のロシアの空気が一面に漂う幕開きから、物語の世界にぐいぐいと引き込まれていく。

踊りの最大の見どころは、タチヤーナとオネーギンによる第1幕第2場の《鏡のパ・ド・ドゥ》と終幕の《手紙のパ・ド・ドゥ》。前者は、タチヤーナが、恋文を綴りながら、鏡の中から現れたオネーギンと踊るもので、スリリングなリフトなどに、主人公たちの感情の高まりが込められている。後者は、タチヤーナが愛するオネーギンと決別する場面で踊られるもので、二人の切実な思いが重なる全編のクライマックス。

オリガとレンスキーによる第1幕のパ・ド・ドゥや、決闘直前のレンスキーのソロも、憂愁をたたえ、悲しくも美しい。

同名のオペラの曲を使わずに構成された音楽

このバレエの物語の展開は、チャイコフスキーの同名のオペラに近いが、音楽はこのオペラからは一節も転用されていない。全体の構成は、チャイコフスキーのピアノ曲や他のオペラなどをオーケストラ用に編曲した28曲。それでいて全編があたかもこのバレエのために作曲されたかのように、各情景と見事に調和しているのは奇跡のようである。

例えば、最大の見どころである、タチヤーナとオネーギンの第1幕第2場の《鏡のパ・ド・ドゥ》と第3幕第2場の《手紙のパ・ド・ドゥ》には、『ロミオとジュリエット』(未完のソプラノとテノールのための重唱曲)ほかが使われ、シェークスピアの悲劇のカップルの熱情と重ね合わせた効果は、ドラマティックこの上ない。

第1幕のオネーギンのメランコリックなソロは、『ノクターン』(ピアノのための6つの小品第4曲)、オリガとレンスキーの哀愁漂うパ・ド・ドゥは、ピアノ作品『四季』より6月の「舟歌」。唯一のオペラ曲として、『可愛い靴』からの音楽が、各幕で多用され、タチヤーナが恋文をしたためる場面などで、その効果を発揮している。

天才振付家クランコが生んだ喜劇バレエの最高傑作

じゃじゃ馬馴らし

「演劇的バレエ」の天才クランコによる喜劇バレエの最高傑作。シェークスピアの原作により、じゃじゃ馬娘のカタリーナが、快男児ペトルーチオに馴らされ、従順な妻となるまでが2幕に鮮やかにまとめられている。言葉なくして踊りで語られる全編が、抱腹絶倒の面白さ。

シェークスピアの喜劇を振付家クランコが舞踊化、客席から笑いを引き出す傑作バレエが誕生した（シュツットガルト・バレエ団）。

原作：ウィリアム・シェークスピア
台本：ジョン・クランコ
音楽：ドメニコ・スカルラッティ（クルト＝ハインツ・シュトルツェ編曲）
振付：ジョン・クランコ
美術：エリザベス・ダルトン
初演：1969年3月16日シュツットガルト・バレエ団
構成：全2幕
その他の代表的な版：
1954年　モーリス・ベジャール版（エトワール・バレエ団）
2014年　ジャン＝クリストフ・マイヨー版（ボリショイ・バレエ団）音楽：ショスタコーヴィチ

あらすじ

第1幕第1場：バプティスタの家の前。北イタリア、パドヴァの裕福な商人バプティスタには、二人の娘がいる。姉のカタリーナは気が強いじゃじゃ馬で、妹のビアンカは気立てが優しくおしとやか。グレミオ、ルーセンシオ、ホーテンシオが、ビアンカに求婚しに来るが、姉のカタリーナに妨害される。

第1幕第2場：居酒屋の中。振られた三人が居酒屋に集まってくる。そこへやってきたのが、気のよさそうなペトルーチオ。ところが居酒屋の娘二人にお金をだましとられ、途方に暮れてしまう。そこで三人は、ペトルーチオに多額の持参金のあるカタリーナと結婚するよう勧める。

第1幕第3場：バプティスタ家の中庭。ビアンカの三人の求婚者たちがペトルーチオを連れてやってくる。三人はビアンカの気を引こうと、歌、演奏、ダンスを披露する。一方、カタリーナはペトルーチオと言い争いの末、結婚を承諾する。

第1幕第4場：バプティスタの家の前。カタリーナが結婚すると聞き、町中が大騒ぎ。

第1幕第5場：カタリーナの結婚式。結婚式の真っ最中、花婿のペトルーチオが、荒馬のように乗り込んできて、カタリーナを連れ去っていく。

第2幕第1場：ペトルーチオの家への旅。反抗的な花嫁を馬に乗せて、ペトルーチオは、我が家へ向かう。

第2幕第2場：ペトルーチオの家。カタリーナは、空腹となって家にたどり着くが、ペトルーチオは、何も食べ物を与えない。

第2幕第3場：カーニバル。ルーセンシオは、ビアンカと結婚するために、二人の娘を口説い

気の強いカタリーナ（スージン・カン）とペトルーチオ（フィリップ・バランキエヴィッチ）の掛け合いが見もの。

てビアンカに変装させる。ホーテンシオとグレミオは変装にだまされて二人と結婚する。

第2幕第4場：ペトルーチオの家。カタリーナは空腹に耐えきれず、徐々に抵抗を弱めていく。

第2幕第5場：ビアンカの結婚式への旅。カタリーナは、ペトルーチオに従うようになる。

第2幕第6場：ビアンカの結婚式。意外にもビアンカはルーセンシオに反抗的。グレミオとホーテンシオの場合も似通っている。一方、カタリーナとペトルーチオは、お似合いのカップルのお手本である。祝宴が盛大に繰り広げられるうちに幕となる。

みどころ

クランコのバレエに解説は不要と言われるように、舞台を見ていれば、物語が手に取るようにわかるのが、この作品の素晴らしさ。カタリーナとビアンカというタイプが正反対の姉妹をはじめ、男らしく豪放なペトルーチオなど、登場人物の性格が何と生き生きと描写されていることか。

カタリーナとペトルーチオのパ・ド・ドゥは3つあり、徐々にカタリーナの心理が変化し、馴らされていくにつれ、二人の関係のバランスに変化が生じていく点が大きな見どころ。

ビアンカとルーセンシオのパ・ド・ドゥも二人の感情が通い合った、流れるような動きが秀逸である。

"シュツットガルトの奇跡"

1961年、ジョン・クランコが、シュツットガルト州立劇場の芸術監督に就任する。マリシア・ハイデ、リチャード・クラガンといった優れたダンサーの才能を活かし、多彩な作品が生まれた。中でも『ロミオとジュリエット』（1962）、『オネーギン』（1965）、『じゃじゃ馬馴らし』（1969）は、クランコの演劇的バレエの三大傑作と言われる。

バレエ団は、この3作を含むプログラムを携え、1969年ニューヨーク公演を行い、大成功を収める。ドイツの地方都市の一バレエ団に過ぎなかったシュツットガルト・バレエ団が、わずか数年で世界のトップに躍り出たのである。これが世に言う"シュツットガルトの奇跡"である。

英国バレエの巨匠マクミランのドラマティック・バレエの傑作

マノン

アベ・プレヴォーの小説『騎士デ・グリューとマノン・レスコーの物語』に基づいた、マクミランの名作。18世紀の頽廃的な社会を背景に、デ・グリューとマノンの恋と悲劇的な運命をドラマティックに描く。マスネの甘美な旋律が全編に響く。

原作	アベ・プレヴォー
音楽	ジュール・マスネ（マーティン・イェーツ編曲）
台本・振付	ケネス・マクミラン
美術	ニコラス・ジョージアディス
初演	1974年3月7日ロイヤル・オペラ・ハウス（英国ロイヤル・バレエ団）
構成	全3幕

第3幕、フランスから流刑者を運ぶ船が着くニューオーリンズ港（英国ロイヤル・バレエ団）。

あらすじ

第1幕第1場：パリ近郊の宿屋の中庭。紳士や女優、物乞いや泥棒などで賑わう雑踏。その中にレスコーがいる。修道院へ入る妹のマノンを待っているのである。馬車が到着し、中から現れたマノンは、人々の視線を集める。兄レスコーは、マノンに夢中の老紳士と取引を始める。マノンを見初めた若き学生デ・グリューは、マノンに近づき、二人は一目で恋に落ちる。一方、レスコーは、富豪のムッシューG・Mとマノンの身請け話をまとめる。しかしすでにマノンとデ・グリューは、駆け落ちしたあと。富に執着するレスコーは、二人の行方を追う。

第1幕第2場：パリのデ・グリューの借宿。デ・グリューが、父親にお金を無心する手紙を書いている。甘えるマノンに、デ・グリューは手を休め、二人は愛を語り合う。デ・グリューが手紙を出しに行っている間に、レスコーがムッシューG・Mを伴って訪れる。豪華な毛皮や宝石を贈られたマノンは、富への憧れを捨て切れず、ムッシューG・Mの誘いに従う。そうとは知らず帰宅したデ・グリューは、マノンがいないので驚くが、レスコーから事情を聞き、説き伏せられる。

第2幕第1場：高級娼家でのパーティー。酔ったレスコーが、デ・グリューと共に到着。マノンも、ムッシューG・Mに連れられて姿を見せる。輝くように美しいマノン。デ・グリューは、マノンへの思いを捨てきれず、再び愛を告白する。心を乱されたマノンは、デ・グリューに賭博を勧める。カードをごまかした二人のいかさまはムッシューG・Mに見破られ、マノンとデ・グリューは急いで逃げ去る。

第2幕第2場：デ・グリューの

18世紀末の頽廃的なパリを舞台に、物語は始まる。第1幕《出会いのパ・ド・ドゥ》を踊るマノン（アリーナ・コジョカル）と若き学生デ・グリュー（ヨハン・コボー）。

借宿。マノンとデ・グリューが、互いの愛を確かめ合う間もなく、ムッシューG・Mが警官を連れてやってくる。レスコーは銃殺され、マノンは逮捕される。

富豪のムッシューG・Mに、マノンを身請けさせる兄レスコー。

第3幕第1場：ニューオーリンズの港。フランスからの流刑者を乗せた船が着く。マノンは、追放となり、デ・グリューは夫と偽って同行したのである。やつれていてもマノンの魅力は、看守の注意を引く。

第3幕第2場：看守室。マノンは、看守に呼ばれ誘惑される。デ・グリューが入って来て、看守を刺し、二人は逃亡する。

第3幕第3場：沼地。マノンとデ・グリューは、ルイジアナの沼地にたどり着く。マノンの富への執着は消え、あるのはデ・グリューへの愛情のみ。やがてマノンは力尽き、デ・グリューの腕の中で息絶える。

左ページ上／マノンはムッシューG・Mの愛人となり、贅沢三昧を謳歌する。高級娼家での賭博の場で元恋人のデ・グリューに再会する。

みどころ

各幕にちりばめられているマノンとデ・グリューの愛のパ・ド・ドゥが最大の見どころ。難度の高いリフトを盛り込んだ叙情的な振付が見事で、ガラ公演などでもしばしば上演されている。とりわけ第1幕の《出会いのパ・ド・ドゥ》と《寝室のパ・ド・ドゥ》、第3幕の《沼地のパ・ド・ドゥ》などの人気が高い。

ソロにも見どころが多く、マノンは、第1幕の娘らしい控えめな登場シーンから一転、第2幕の黒の衣裳をまとったパーティの場面では妖艶なソロを見せる。その変容ぶりに注目したい。

デ・グリューは、第1幕のマノンとの出会いの場面や第2幕の賭博の場などで見せるソロが、フィーリングに溢れ感興を誘う。

マノンの兄レスコーにも、第1幕冒頭の端正なソロをはじめ、第2幕の酔いつぶれの踊りや愛人とのデュエットなど、魅力的な場面が多い。優れた演技力も必要な役柄である。

バレエ『マノン』に使われた音楽

マスネは、オペラ『マノン』を作曲しているが、このバレエには、オペラからは一旋律も転用されていない。これは、クランコの名作『オネーギン』の音楽が、チャイコフスキーの、同名のオペラ以外の音楽によって構成されているのと同様である。

『マノン』は、マスネの他のオペラ作品などから全45曲で構成。モザイクのようだが、それでいてドラマの流れに沿った音楽作りが見事だ。

特にマノンとデ・グリューのパ・ド・ドゥの音楽の甘美な美しさは特筆に値する。第1幕の出会いでは『エレジー』が、《寝室のパ・ド・ドゥ》ではオペラ『サンドリヨン』からのアリアが、第3幕の沼地では『聖母』が、それぞれ情景を彩っている。

第3幕《沼地のパ・ド・ドゥ》。フランスから流刑地送りとなったマノンは、同行したデ・グリューの腕の中で息絶える。

巨匠マクミランが描く世紀末ウィーンの頽廃が生んだ悲劇

うたかたの恋

19世紀末、マイヤーリングで実際に起きた、名門ハプスブルク家の皇太子と17歳の令嬢マリーの心中事件を劇的に描いたバレエ。事件は、邦題『うたかたの恋』として、小説や映画の題材となった。悲劇の皇太子ルドルフの死に迫ったマクミランの名作。

台本	ジリアン・フリーマン
音楽	フランツ・リスト（ジョン・ランチベリー編曲）
振付	ケネス・マクミラン
美術	ニコラス・ジョージアディス
初演	1978年2月14日ロイヤル・オペラ・ハウス（英国ロイヤル・バレエ団）
構成	プロローグ、エピローグ付き全3幕

ルドルフ皇太子（エドワード・ワトソン）と元愛人のラリッシュ伯爵夫人（サラ・ラム）。

あらすじ

プロローグ：夜明け前。ハイリゲンクロイツの墓地。

第1幕第1場：ウィーン、ホフブルク（宮廷）の舞踏会の間。オーストリア＝ハンガリー帝国の皇太子ルドルフは、ベルギーのステファニー王女と政略結婚する。その結婚祝賀の舞踏会で、元愛人のラリッシュ伯爵夫人から、男爵令嬢マリー・ヴェッツエラを紹介され、運命の出会いを果たす。ハンガリーの分離派も不穏な動きを見せている。

第1幕第2場：ホフブルク宮の皇后の部屋。ルドルフは、母である皇后エリザベートのもとを訪れ、同情を引こうとする。

第1幕第3場：ホフブルク宮のルドルフの部屋。ルドルフは、新妻のステファニーを拳銃でおどし、奇怪な行動に出る。

第2幕第1場：悪評高い居酒屋。ルドルフとステファニーは、変装していかがわしい居酒屋へ行く。そこで、ルドルフは、情婦のミッツィに心中をもちかける。

第2幕第2場：居酒屋の外。ラリッシュ伯爵夫人は、ルドルフにマリーを押し付けようとする。

第2幕第3場：ヴェッツェラの家。情熱的なマリーは、ルドルフの写真に見とれ、彼に宛てた手紙をラリッシュ夫人に託す。

第2幕第4場：ホフブルク宮。父のフランツ・ヨーゼフ皇帝の誕生日を祝う席で、ルドルフは、母エリザベートと愛人のみだらな関係を知る。

第2幕第5場：ホフブルク宮のルドルフの部屋。ルドルフは、マリーと初めて密会する。

第3幕第1場：田園地帯。皇室の狩猟場。ルドルフが突然わけもなく発砲し、廷臣を死なせる事件が起きる。

第3幕第2場：ホフブルク宮のルドルフの部屋。マリーと二人になったルドルフは、心中を持ちかけ、運命の時が迫る。

第3幕第3場：マイヤーリング

第3幕、ルドルフは心中する相手にマリー・ヴェッツェラ（マーラ・ガレアッツィ）を選ぶ。迫真の演技と踊りで皇太子の不安定な精神が表現される。

の狩猟小屋。マリーと愛を交わしたルドルフは、モルヒネ注射で神経を鎮めた後、再びマリーを抱き、彼女を撃つ。銃声を聞きつけた側近が駆けつけた時には既に遅く、今度はルドルフが自分に向けた銃声がこだまするのだった。

エピローグ：再びハイリゲンクロイツの墓地。マリーの棺がひっそりと埋葬される。

みどころ

男性である皇太子が主役で、己の人生や愛と死の狭間で苦悩する主人公の姿をこれほど劇的に描写したバレエは珍しい。悲劇の運命を突き進むルドルフの心象の変化をいかに表現するか、主役の演技が見もの。第2、第3幕のルドルフとマリーの激しいまでのパ・ド・ドゥは、二人の揺れ動く情熱をダイレクトに伝えて、見応え十分。宮廷の頽廃的な雰囲気や皇太子を取り巻く人間関係が、演劇を見るように鮮やかに蘇ってくる。

バレエにエキセントリックな人間の行動を取り入れた大胆な発想に、マクミランの才気を感じさせる。

音楽はリストを編曲して

このバレエの音楽は、ジョン・ランチベリーが、リストのドラマティックな曲想に惹かれたことから、リストの音楽を編曲して構成されている。中でも、各幕の終わりで、皇太子ルドルフの精神に破綻をきたすプロセスをたどるパ・ド・ドゥでは、『超絶技巧練習曲』12曲から選ばれた曲が効果的に使われ、ドラマの緊張感を高めるのに大いに貢献している。

ほかに、『ウィーンの夜会』（第1幕第1場の婚礼の大舞踏会）や、『メフィストのワルツ』（第2幕の酒場）など各情景に適した音楽が選曲されている。

パリを舞台にしたロマンティックな悲恋物語

椿姫

『椿姫』といえば、ヴェルディのオペラが有名だが、オペラの旋律を引用せず、リストやショパンのピアノ曲の編曲から感動的なバレエが誕生した。舞台は19世紀のパリ。高級娼婦マルグリットと貴族の青年アルマンの純愛が、ドラマティックに描かれている。

原作：アレクサンドル・デュマ・フィス

フレデリック・アシュトン版『マルグリットとアルマン』

音楽：フランツ・リスト
美術：セシル・ビートン
初演：1963年3月12日英国ロイヤル・バレエ団
構成：全1幕

ジョン・ノイマイヤー版

音楽：フレデリック・ショパン
美術：ユルゲン・ローゼ
初演：1978年11月4日シュツットガルト・バレエ団
構成：プロローグ付き全3幕

高級娼婦マルグリット・ゴーティエの悲劇を、オペラとは違うアプローチで作品化。

あらすじ

＊ノイマイヤー振付の全3幕版による

プロローグ：パリのアパルトマン。亡くなったマルグリット・ゴーティエの全財産が競売にかけられている。そこへマルグリットの恋人アルマン・デュヴァルが駆け込んできて、父親にこれまでの出来事を語り始める。

第1幕：パリ、ヴァリエテ座。バレエ『マノン』が上演されている。美貌のマルグリットに思いを寄せる青年アルマンは、ここで初めて彼女に紹介される。マルグリットとアルマンは、バレエの主人公マノンとデ・グリューの境遇に、それぞれの姿を重ねる。公演が終わり、自宅に戻ったマルグリットを咳の発作が襲う。後を追ってきたアルマンは、マルグリットに愛を告白。マルグリットは、アルマンの情熱に打たれ、二人は恋に落ちていく。派手な生活を続けたマルグリットは、咳の発作が止まらない。彼女の健康を心配した公爵が、田舎の別荘を貸してくれることになった。

第2幕：田舎で。公爵のおかげで、マルグリットは、ぜいたくに暮らしている。ところが、公爵にアルマンとの密会の場を見つかってしまい、公爵は怒ってその場を去る。しばし二人きりの幸せをかみしめるマルグリットとアルマン。それも束の間、アルマンの留守中、アルマンの父親が突然来訪。アルマンと別れるように説得されたマルグリットは、パリに戻る。恋人の裏切りに、アルマンは絶望する。

第3幕：シャンゼリゼで。時が過ぎ、二人はパリで偶然再会する。病に冒されたマルグリットは、アルマンに別れを告げにやってくるが、再び二人の情熱が燃え上がる。マルグリットは、『マノン』の幻影に惑わされ、アルマンのもとを離れていく。

ある舞踏会でのこと。アルマンは、マルグリットにこれまでの報酬として、札束の入った手

マルグリット（アリーナ・コジョカル）に思いを寄せる、青年アルマン（アレクサンドル・トルーシュ）。第1幕では《出会いのパ・ド・ドゥ》が踊られる（ハンブルク・バレエ団）。

紙を渡す。大勢の面前で最愛のアルマンに侮辱されたマルグリットは、傷つき崩れ落ちる。

ここでアルマンの回想は終わる。マルグリットが書き残した日記によって、マルグリットの自分への深い思いを知ったアルマンは、悲しみに沈む。

みどころ

ノイマイヤー版は、稀代の女優バレリーナ、マリシア・ハイデのために創られた。主役のマルグリットには、華やかな存在感とドラマティックな表現力が求められる。マルグリットとアルマンによるパ・ド・ドゥが最大の見どころ。曲はショパンで、第1幕の《出会いのパ・ド・ドゥ》（ピアノ協奏曲第2番第2楽章）、第2幕の《白のパ・ド・ドゥ》（ピアノ・ソナタ第3番第3楽章）、第3幕の《黒衣のパ・ド・ドゥ》（バラード第1番）、いずれも詩情溢れる名場面。高いリフトが特徴で、ヒロインの美しさを最大限に引き立てている。劇中劇の『マノン』はドラマに厚みを加え、構成の見事さがまた本作の魅力となっている。

1幕のアシュトン版

1幕にまとめられたアシュトン版は、非常に簡潔である。音楽は、リストの『ピアノ・ソナタ　ロ短調』をオーケストラ用に編曲。主役二人のパ・ド・ドゥを中心に、病床のマルグリットの回想で始まり、出会いから死に至るまで全5景が一挙に展開される。初演は、マーゴ・フォンテーンとルドルフ・ヌレエフの伝説のペア。しばらく上演が途絶えていたが、2000年3月に、ロンドンで、シルヴィ・ギエムとニコラ・ル・リッシュという当代の黄金ペアによって再演された後、世界的なスターたちによって踊られるようになった。

病魔に冒されたマルグリットが別れを告げにアルマンを訪問する第3幕、《黒衣のパ・ド・ドゥ》。

現代の巨匠ノイマイヤーの円熟期の名作

人魚姫

アンデルセンの有名な童話をモチーフに、作家の生誕200年を記念して創作された。詩人=アンデルセンの憧れを、人魚姫の人間になりたいという願望と結びつけ、永遠の愛を訴えた感動の名作。レーラ・アウエルバッハのオリジナル音楽が美しい。

原作	ハンス・クリスチャン・アンデルセン
音楽	レーラ・アウエルバッハ
振付・美術・照明・衣裳	ジョン・ノイマイヤー
初演	2005年4月15日デンマーク・ロイヤル・バレエ団（2007年ハンブルク・バレエ団初演）
構成	全2幕

人間の王子に恋した人魚姫、王子と王女、そして詩人、4人のパ・ド・カトル（ハンブルグ・バレエ団）。

あらすじ

第1幕第1場：プロローグ。船上。船旅の間に、詩人は、親友のエドヴァートとヘンリエッテの結婚式を思い出し、感傷に浸る。詩人の涙が海へ流れていく。

第1幕第2場：海底。詩人は、人魚姫と出会う。

第1幕第3場：船内。人魚姫は、地上の世界を夢見て、海面へ上がる。船上で、エドヴァートによく似た船長の王子を見つける。王子は、ゴルフをしていて、球を海中に飛ばす。

第1幕第4場：海の中。王子もそのまま海中へ沈む。

第1幕第5場：嵐。魔法使いが現れて嵐を起こす。

第1幕第6場：嵐が去った後の静けさ。王子は、人魚姫に救われる。

第1幕第7場：浜—教会の近く。修道院学校の女生徒たちがいる。その中のヘンリエッテに似た王女が、倒れている王子を発見し、二人の間に愛が芽生える。

第1幕第8場：海底。悲しむ人魚姫の姿に詩人の魂も反映されている。

第1幕第9場：変身。人間になりたいと願う人魚姫は、魔法使いに懇願する。激痛が襲った末、人魚姫は脚をもらい、人間の姿になる。

第1幕第10場：浜。一糸まとわぬ姿で、倒れている人魚姫。王子が憐れみ、船へ連れて行く。

第1幕第11場：船内。乗客の中に、王女がいる。王子と王女の愛が深まるにつれ、人魚姫の苦悩も増す。

第2幕第12場：人魚姫の部屋。人魚姫は、どうしても人間になりたいと思い、もがき苦しむ。

第2幕第13場：王子の宮殿—結婚式。人魚姫は、花嫁の介添えとして式に出席。魔法使いが現れ、「王子を刺したら、尾びれを元通りにしてあげよう」とナ

人魚姫（シルヴィア・アッツォーニ）は袴のような衣裳をつけ、黒子たちにリフトされて海底の動きを表現する。

イフを手渡す。人魚姫には、王子を刺すことはできない。

第2幕第14場：エピローグ。別の世界。孤独な人魚姫のもとに、詩人が現れる。二人はお互いの影のような存在で、共に新しい世界を探しに行く。

みどころ

詩人の友人に対する愛情を、人魚姫が王子に抱く愛情に重ね合わせて、物語を展開させて行く手法がユニーク。巧みな照明効果によって、海のラインを作り出し、海と地上を幻想的に行き来させる演出に見応えがある。

踊りの見どころは、なんと言っても人魚姫に集約される。海底で、歌舞伎の黒子を想起させるようにリフトされ、袴のような長いパンタロンを翻して踊るシーンは、見事なアイディア。尾びれがなくなり、脚が生えて、人間の姿に変わる瞬間の苦しみの演技が胸を打つ。船上で、王子と王女を見つめながら、詩人に支えられて踊る4人の踊りや、王子との別れのパ・ド・ドゥ、そして、人魚姫と詩人が一体となって消えていくラスト・シーンが感銘深い。

秀逸な音楽

『人魚姫』は、ノイマイヤーとアウエルバッハの綿密な協力の結果、生まれた。アウエルバッハは、1991年、ソ連から亡命した若手作曲家。ノイマイヤーのために、『プレリュードCV』（2003）の曲を書いて、『人魚姫』は2作目。ハンブルク版では、オーケストラの編成を縮小するなど新しいヴァージョンが作曲された。

音楽のうえでは、とりわけ、世界最古の電子楽器テルミンの使用が特筆される。繊細な共鳴は、あたかも人魚姫の心の叫びを伝えているようである。

魔法のランプをめぐる冒険とロマンス　英国人振付家ビントレーの新作

アラジン

英国を代表する振付家ビントレーが、新国立劇場のために創作。おなじみの『アラジンと魔法のランプ』の物語が、躍動的なアドヴェンチャー・バレエとして生まれ変わった。ディズニー映画のような夢が溢れ、大人から子供まで楽しめる人気作である。

音楽：カール・デイヴィス
振付：デヴィッド・ビントレー
装置：ディック・バード
初演：2008年11月15日新国立劇場
構成：全3幕

アラジン（山本隆之）とプリンセス（本島美和）の二人。世界初演時のキャスト（新国立劇場バレエ団）。

あらすじ

プロローグ：魔術師マグリブ人が、魔法のランプをじっと見つめている。

第1幕第1場：昔むかしのアラビアの市場。いたずら好きのアラジンは、宮殿の警備隊に捕まり、危機一髪のところを魔術師マグリブ人に助けられる。

第1幕第2場：砂漠への旅。マグリブ人は、アラジンに、洞窟へ下りて古いランプを取ってくるように言う。ためらうアラジンに、マグリブ人は、絶世の美女の幻影を見せ、洞窟へ誘い出す。

第1幕第3場：財宝の洞窟。アラジンは洞窟へ下り、宝石の間に、ランプを見つける。マグリブ人に渡さなかったので、洞窟に閉じ込められてしまうが、ランプをこすると、ランプの精ジーンが現れる。

第1幕第4場：アラジンの家。アラジンは、家に帰って、母親に自分の冒険譚を話す。再びランプをこすって、ランプの精ジーンを呼び起こす。

第1幕第5場：王宮の外。皇帝の娘のプリンセスが輿に乗って、通過する。その姿を見たアラジンは、一目で恋に落ちる。

第2幕第1場：浴場。アラジンは、プリンセスに会いに浴場に忍び込むが、捕えられてしまう。

第2幕第2場：宮廷。アラジンは、プリンセスをのぞき見した罪で死刑を宣告されるが、今度もランプの精ジーンに救われる。アラジンは、めでたくプリンセスと結ばれ、結婚式が盛大に執り行われる。

第3幕第1場：王宮の一室。晴れて夫婦となったアラジンとプリンセス。アラジンが友人たちと狩りに出かけ、プリンセスが独りになった隙にマグリブ人が現れ、ランプを奪い、プリンセスをモロッコへ連れ去る。

第3幕第2場：魔術師マグリブ人のハーレム。幽閉の身のプリンセスを救いにアラジンがやってくる。二人は、マグリブ人に眠り薬を飲ませて打ち負かし、魔法の絨毯《じゅうたん》に乗ってハーレムを脱出する。

第3幕第3場：アラジン国へ帰る。帰国後、ランプの精ジーンに自由を与えたアラジンとプリンセス。国民から祝福され、歓迎の宴が続くうちに幕となる。

ランプの精ジーンに自由を与えたアラジンとプリンセス。龍も舞う祝福のフィナーレ。

みどころ

まず、主人公の青年アラジンの踊りに注目したい。幕開きから、自由奔放な性格を表すように、スピーディーで弾けるような振付が見もの。アラジンとプリンセスのパ・ド・ドゥでは、第2幕第2場の結婚式とフィナーレの踊りが、幸せムード満点で見応えがある。

第1幕第3場の《財宝の洞窟》では、オニキスとパール、ゴールドとシルバー、サファイア、ルビー、エメラルド、ダイヤモンドなど宝石のディヴェルティスマンが多彩。この部分だけ独立して上演されることもある。

中国のライオン・ダンスやドラゴン・ダンスは、祝宴の場を盛り上げる。ランプの精ジーンの登場シーンも、スペクタクル性豊かで見逃せない。

ビントレー版が誕生するまで

バレエ『アラジン』は、当初、スコティッシュ・バレエ団が、クリスマス・シーズンのヒット作を求めて、カール・デイヴィスに作曲を委嘱。2000年にロバート・コーハンの振付で、初演されたが、上演は1シーズンで終わってしまった。

それから時がたち、ビントレーが『アラジン』の音楽に惚れ込んだことから、新たなバレエ化の構想が生まれる。新版は、2008年新国立劇場で初演され、ビントレーは、その2年後の2010年に同バレエ団の舞踊芸術監督に就任した。音楽は、中国を舞台に作曲されているが、ビントレー版では、舞台は中東のどこかの街で、アラジンは中国からの移民の青年という設定になっている。

20世紀以降のドラマティック・バレエ

いにしえの日本を舞台にした魅惑のエンターテイメント

パゴダの王子

ビントレーが新国立劇場舞踊芸術監督に就任して2年目に創作した大作。主人公さくら姫が、魔女によってサラマンダーに姿を変えられた兄と力を合わせ、平和を取り戻そうとする。日本の文化とブリテンのガムラン音楽を融合させた大胆な試み。

音楽：ベンジャミン・ブリテン
振付：デヴィッド・ビントレー
初演：2011年10月30日新国立劇場バレエ団
構成：全3幕
その他の代表的な版
1960年　ジョン・クランコ（シュツットガルト・バレエ団）
1989年　ケネス・マクミラン（英国ロイヤル・バレエ団）

英国公演でも主演した小野絢子と福岡雄大（新国立劇場バレエ団）。

あらすじ

プロローグ：菊の国の皇帝が王子を埋葬している。妹のさくら姫は、兄の死を悲しみ、皇后エピーヌだけが冷ややかに佇んでいる。

第1幕：それから数年後、宮廷。外国から四人の王子（北の王、南の王、東の王、西の王）が、さくら姫に求婚しに訪れる。さくら姫は最愛の兄のことが忘れられず、求婚者を受け入れることができない。そこへ五人目の「王子」が現れるが、それはサラマンダー（とかげ）であった。姫は、自らサラマンダーを選び、その側近が姫をさらっていく。

第2幕：サラマンダーと姫の旅。サラマンダーは、姫の決意を試そうと、土、風、火、水の自然の力を通過させる。さくら姫は、パゴダの地に到着。ここはとかげの王国で、姫は、兄の恐ろしい運命を知ることになる。兄は魔女である継母から魔法をかけられ、サラマンダーとして生きる運命を背負ったのである。姫は、父親を悪い妻の謀略から救うために帰路につく。

第3幕：宮廷は既に皇后エピーヌの支配下に置かれていて、皇帝は幽閉の身。

さくら姫が旅から戻り、皇帝の前で真実を暴露する。皇后エピーヌは宮廷から追放となり、サラマンダーは人間の姿に戻る。父と子がめでたく再会し、喜びに包まれた宮廷は再び繁栄を取り戻す。

みどころ

このバレエの構成は、第1幕と第3幕が宮廷で、第2幕がサラマンダーの国という、古典バレエに通じる設定がとられているのが親しみやすい。第2幕の異国の世界では、妖怪が出てきたかと思うと、チュチュを着た

さくら姫（米沢唯）を海底まで追いかける、継母の皇后エピーヌ（本島美和）。

ダンサーたちの雲の踊りや星や泡、海、タツノオトシゴ、深海、炎などディヴェルティスマンの形で、さまざまなジャンルのダンスが鑑賞できる。

第3幕の最後で、さくら姫と兄の王子が無事を祝って踊るパ・ド・ドゥは、バレエでは珍しい兄妹愛をテーマにしていて、情感豊かな振付が新鮮だ。

ブリテンの色彩溢れる音楽、歌川国芳の浮世絵に着想したレイ・スミスの奇抜な美術、バレエからコンテンポラリーまで多彩な振付スタイル。奇想天外なアイディアがちりばめられた舞台は見どころ満載である。

兄は継母の魔法でサラマンダー（とかげ）に変えられていた。
さくら姫（小野絢子）とサラマンダー（福岡雄大）。

日英友好の架け橋的作品

このバレエが初演されたのは、2011年、未曾有の大震災が東日本を襲った直後のこと。悪の力に支配された帝国が、若い王子と姫によって救われるというテーマは、災害の復興途上にあった日本の未来の姿と重なって、幅広い共感を得た。

2014年にはビントレーが芸術監督を務めていたバーミンガム・ロイヤル・バレエ団でも上演され、新国立劇場バレエ団で初演を飾った小野絢子と福岡雄大のプリンシパル・カップルがゲスト出演。イギリスのメディアにも数々取り上げられ、日英友好の架け橋としても、大きな成果を上げた。

おなじみのアリスの冒険物語が万華鏡のようなバレエに変貌

不思議の国のアリス

ルイス・キャロルの児童文学がポップアートのバレエとして生まれ変わった話題作。
バレエの伝統を踏まえつつ、プロジェクション・マッピングやマペットなど多彩な仕掛けが満載。
原作にはない、アリスと庭師のジャックのロマンスを中心に物語は展開する。

台本：ニコラス・ライト
音楽：ジョビー・タルボット
（編曲：クリストファー・オースティン、タルボット）
振付：クリストファー・ウィールドン
初演：2011年2月28日英国ロイヤル・バレエ団
構成：全2幕
改訂：2012年　全3幕
（アリスとジャックのパ・ド・ドゥを加筆）

あらすじ

第1幕：1862年英国オックスフォード、クライスト・チャーチの学寮長リデル夫妻の公宅で開かれたガーデン・パーティー。リデル夫妻の次女アリスは、庭師の青年ジャックと愛し合っている。彼にジャムタルトをプレゼントしたところ、アリスの母は、盗んだと誤解し、彼をクビにしてしまう。悲しむアリスを一家の友人ルイス・キャロルが慰め、写真を撮ろうとする。するとキャロルは白ウサギに変身し、かばんの中に飛び込み、アリスも後を追って穴に落ち、どんどん落ちていく。行き着いた先は不思議の国。

第3幕、不思議の国に迷い込んだアリス（サラ・ラム）は、ハートの騎士に姿を変えている、恋人のジャック（スティーブン・マックレー）に再会する。

アリスは奥へ奥へと入り込んでいく。騎士の姿をしたジャックが、ジャムタルトを盗んだ罪により、母にそっくりのハートの女王に追いかけられている。アリスは、背が縮んだり、伸びたり、公爵夫人の家の不気味な台所に迷い込んだり、巨大なチェシャ猫に会ったり、と奇妙な体験をする。

気がつくと、アリスは、白ウサギとジャックに置き去りにされ途方に暮れる。

第2幕：次にアリスがたどり着いた先は、クレイジーな帽子屋のお茶会。三月ウサギや眠りネズミに囲まれる。やっとのことで抜け出すと、魔法の花園で騎士との再会が叶う。それも束の間、またしてもハートの女王が追いかけてきたので、アリスは白ウサギに促され一緒に逃げる。

第3幕：ハートの女王の庭園では、女王がクロケー競技に興じている。女王に捕まった騎士の裁判が始まる。アリスは、騎士の潔白を証言し、自分に罪があると、騎士をかばう。しかし女王には通じない。逃げようとするアリスを女王が追いかけるが、アリスは人々をドミノのように倒して脱出。皆トランプのカードだったことがわかる。

夢から覚めたアリスは、恋人のジャックと仲睦まじいひと時を過ごす。

左ページ上／第2幕、クレイジーな帽子屋のお茶会。右から三月ウサギ、マッドハッター、アリス、眠りネズミ。童話から抜け出した登場人物がタップを踏んだり、プロジェクション・マッピングで舞台が変わったり。21世紀のエンターテイメント・バレエとして世界的に注目された。下／魔法の花園のコール・ド・バレエも見どころ（英国ロイヤル・バレエ団）。

騎士の裁判シーン。赤いジャケットの白ウサギは、
このバレエの中ではルイス・キャロルの化身。

トランプ姿のコール・ド・バレエを従えたハートの女王は
暴君そのもの。誰の話も信じようとしない。

アリスが薬を飲んで、巨人のように大きくなったり、背が縮んだりするシーンはプロジェクション・マッピングでリアルに表現される。

みどころ

幕開きのガーデン・パーティーは演劇を見ているようなリアルさがある。サスペンス調の音楽も効果的で、アリスが白ウサギを追いかけて穴に落ちていくシーンではプロジェクション・マッピングが最大の効果を発揮。

不思議の国では、アリスのみならず観客も奇想天外の冒険にワクワク。マッドハッター（帽子屋）のお茶会では、タップダンスの妙技に感嘆。ハートの女王の庭園では、包丁をふりかざす世にも恐ろしげな女王がジャムタルトをほおばりながら踊るが、4人の騎士を従えて踊るアダージョは『眠れる森の美女』の《ローズ・アダージョ》のパロディで笑いをこらえるのにひと苦労。

ダンス・シーンでは、終幕、アリスとジャックの再会のパ・ド・ドゥが白眉。花園やトランプのコール・ド・バレエのスピーディでポップなダンスにも見応えがある。

世界的プロジェクトとして制作

振付のウィールドンをはじめ、作曲はジョビー・タルボット、美術・衣裳はボブ・クロウリーと英国の舞台芸術・映画界で活躍する一流スタッフを招聘。英国ロイヤル・バレエ団が総力を結集したプロジェクトは、短期間に海外にも拡散され、2011年カナダ国立バレエ団、16年スウェーデン王立バレエ団、デンマーク・ロイヤル・バレエ団、17年ミュンヘン・バレエ団、オーストラリア・バレエ団、18年新国立劇場バレエ団と世界7カ国で上演される。こうした規模の国際共同制作は例がなく、「21世紀型バレエ」として注目された。

名作バレエ鑑賞入門

Chapter **2**

「バレエ史を彩る」エポック・メイキング作品

パヴロワやニジンスキーといった伝説のスターたちが踊り、
世界を席巻したバレエ・リュスの華麗なバレエ。
そしてバランシン、プティ、ベジャール、ロビンズ、フォーサイスなど
時代を駆け抜けた振付家たちによる現代バレエの数々、
今世紀へ続くバレエ・ヒストリーと共にご紹介します。

『牧神の午後』より(パリ・オペラ座バレエ団)。

白いバレエの世界
ロマンティック・バレエ
Romantic Ballet

『ラ・シルフィード』や『ジゼル』のように、妖精が主役のロマンティック・バレエは、だいたい1830年から70年頃のフランスで盛んに上演された。この時期は7月革命によりブルボン王朝が倒れ、その後も社会的、政治的変動の波を経て、ナポレオン3世の第2帝政が終末を迎えるまでの社会情勢と一致する。芸術分野でも、作家ユゴー、画家ドラクロワ、作曲家ベルリオーズを中心に、ロマン主義が一気に開花し、その影響はバレエにも及んだ。

本格的なロマンティック・バレエは、1832年初演の『ラ・シルフィード』に始まる。主演のマリー・タリオーニが、当時まだ目新しかったポワントの技法を披露し、画期的成功を収め、ウジェーヌ・ラミが発案した、丈の長いロマンティック・チュチュは、ロマンティック・バレエのシンボルとなった。ロマン主義の萌芽は、既に1831年のマイヤーベーア作曲のオペラ『悪魔のロベール』の第3幕のバレエ場面にも見られる。僧院の墓場から蘇った尼僧たちが踊る情景は、まさに『ジゼル』の第2幕の誕生を予告するかのようであったという。

『ジゼル』は、1841年、カルロッタ・グリジの主演で初演され大成功を収める。『ジゼル』も『ラ・シルフィード』も、妖精と人間のロマンスをテーマにしたものだが、ほかに『パキータ』や『エスメラルダ』など、エキゾティックな踊りを取り入れたバレエも数多く生まれた。

天上的な舞姫タリオーニのライバルとして、情熱的なファニー・エルスラーという好敵手も現れ、ロマンティック・バレエは隆盛を迎えるが、めまぐるしい世の中の変化に伴い、次第に衰退していく。その最後の輝きを放ったのが1870年にパリ・オペラ座で初演された『コッペリア』で、以後、バレエの中心はロシアへと移り、巨匠プティパの手によって、バレエは新たな開花の時を迎える。

『ラ・シルフィード』を踊る伝説的バレリーナ、マリー・タリオーニのリトグラフ（※）。

白いバレエの世界《ロマンティック・バレエ》

4人のロマンティック・バレリーナによる優雅な競演

パ・ド・カトル

ロマンティック・バレエ全盛の19世紀半ば、ロンドンで夢のような企画が実現した。マリー・タリオーニをはじめとする当代最高の名花4人が、一つの作品で共演。往時のリトグラフから抜け出てきたような舞姫たちの競演が、華やかな時代を偲ばせる。

ボリショイ・バレエ団＆マリインスキー・バレエ団のトップ4人（オブラスツォーワ、ニクーリナ、ステパネンコ、ロパートキナ）が踊る。

音楽：チェーザレ・プーニ
振付：ジュール・ペロー
初演：1845年7月12日
ロンドン、ハー・マジェスティーズ劇場
構成：全1幕
その他の代表的な版：
1936年　キース・レスター版
（ルーカス編曲、マルコワ=ドーリン・バレエ団）
1941年　アントン・ドーリン版（ボールズ編曲、ABT）

解説

企画したのは、ハー・マジェスティーズ劇場の支配人ラムリー。その呼びかけに応えて、ロマンティック・バレエ最大の名花マリー・タリオーニ、イタリアの個性派、ファニー・チェリート、『ジゼル』の初演者でロンドンの人気スター、カルロッタ・グリジ、デンマーク出身の国際スター、ルシル・グラーンという豪華な顔ぶれが集まった。

振付はペローが担当し、ソロは、年齢の若い順に、トリは最年長のタリオーニが務めた。

踊りの構成は次の通り。①4人のアダージョ（アンダンテ）、②同（アレグロ）、③グラーン（アレグロ）、④グリジ（アンダンテ）、⑤タリオーニとグラーン（アンダンティーノ）、⑥チェリート（アンダンテ）、⑦タリオーニ（アレグロ）、⑧全員によるコーダ。

互いに妙技を競い合った舞台は大成功を収めたが、初演からまもなく上演されなくなってしまう。理由は4人のスターを揃えるのが難しかったからで、それは現在でも同じであろう。

みどころ

原振付は失われ、現在上演されているのは、バレエ・リュス出身のドーリンが、当時のリトグラフなどを手がかりに再構成したもの。日本では1979年の第2回世界バレエ・フェスティヴァルで、アリシア・アロンソ、カルラ・フラッチ、ギレーヌ・テスマー、エヴァ・エフドキモワという当代を代表するロマンティック・バレリーナが一堂に会したのが大きな話題となった。4人がにこやかな笑顔を見せながらも、ライバル意識を燃やした競演が見ものである。

白いバレエの世界《ロマンティック・バレエ》

抽象バレエで描いた19世紀ロマンティック・バレエへの憧れ

レ・シルフィード

タイトルは、『ラ・シルフィード』の複数形で、「空気の精たち」の意。
ショパンのピアノ曲集に振り付けられたことから、ロシアでは、『ショパニアーナ』と呼ばれている。
詩人が森の中で見た幻想的な風景が描写されている。

台本：ミハイル・フォーキン
音楽：フレデリック・ショパン
（グラズノフ、ストラヴィンスキー、タネーエフ、リャードフ他編曲）
振付：ミハイル・フォーキン
美術・衣裳：アレクサンドル・ブノワ
初演：1909年6月4日パリ、シャトレ座（バレエ・リュス）
構成：全1幕
上演の変遷：
第1版『ショパニアーナ』CHOPINIANA：
音楽：ショパン（グラズノフ編曲）
初演：1907年2月23日ペテルブルク、マリインスキー劇場（帝室バレエ団）
構成：全5景
第2版『ショパニアーナ』：
音楽：ショパン（グラズノフ、ケレル編曲）
初演：1908年3月21日ペテルブルク、マリインスキー劇場（帝室バレエ団）

ミハイロフスキー劇場バレエ団による幽玄の白い世界。

解説

1909年、バレエ・リュスのパリ初公演の際、フランス風の現タイトルに改められ、パヴロワ、カルサーヴィナ、ニジンスキーという三大スターによる世紀の共演が実現した。

1907年初演の第1版は、5曲構成で民族色が濃く、『ワルツ嬰ハ短調』を除くと、現行版とは趣が異なった。この時アンナ・パヴロワとアナトーリ・オブホフが踊った詩的なワルツの主題を発展させたのが第2版で、曲と踊りの構成は次の通り。①ポロネーズ（イ長調作品40—1）前奏、②ノクターン（変イ長調作品32—2）全員、③ワルツ（変ト長調作品70—1）ソロ、④マズルカ（ニ長調作品33—2）ソロ、⑤マズルカ（ハ長調作品67—3）詩人のソロ、⑥プレリュード（イ長調作品28—7）ソロ、⑦ワルツ（嬰ハ短調作品64—2）シルフィードと詩人のパ・ド・ドゥ、⑧ワルツ（変ホ長調作品18—1『華麗なる大円舞曲』）全員。

バレエ・リュスのパリ公演では、複数の作曲家に編曲が委ねられ、①のポロネーズの代わりに、⑥と同じプレリュードが前奏としても演奏された。現在では、バレエ団によって選曲が異なり、①の前奏は、ポロネーズまたはプレリュード、⑤の詩人のマズルカは、作品67—3または作品33—3と、各2種類ある。

みどころ

雰囲気は、ロマンティックだが、妖精たちの踊りは自然で、20世紀の抽象バレエの先駆けとしての新しい風が感じられる。優雅な妖精たちの踊りや隊形の変化が美しい。シルフィードと詩人によるワルツは、透けるように軽やかな踊りが見ものだ。

ロシアからパリへ、世界へ
バレエ・リュス
Les Ballets Russes

セルゲイ・ディアギレフ率いるバレエ・リュスが1909年に、パリ・シャトレ座で旗揚げしてから、すでに1世紀。それでもなお今日に至るまで世界のバレエ界へ及ぼした影響は計り知れず、その輝かしい業績には絶えず熱い憧憬の眼差しが向けられている。

バレエ・リュスは、ディアギレフが亡くなる1929年までの20年間しか存続しなかったが、この間に次々と生み出されたバレエのほとんどが、時代を先取りした鋭敏な感性に満ち、舞踊史における事件として記録されているのはまさに奇跡のようである。

主宰のディアギレフは、自身は芸術家ではなかったが、他者の芸術的才能を見抜く能力に非常にたけていた。その慧眼《けいがん》によって見出された芸術家は、振付家のフォーキン、ニジンスキー、ニジンスカ、マシーン、バランシン、作曲家のストラヴィンスキー、ラヴェル、ドビュッシー、プロコフィエフ、サティ、美術家のバクスト、ブノワ、ピカソ、マティス、ドランなど、錚々《そうそう》たる顔ぶれ。当代を代表する気鋭の芸術家たちのコラボレーションにより、バレエ・リュスは、バレエを総合芸術として発展させることに大きく貢献した。

初期には、フォーキン振付『火の鳥』（1910）や『ペトルーシュカ』（1911）など、ロシア的なエキゾティスムの濃い作品がバレエ・リュスの主流であったが、ニジンスキー振付『牧神の午後』（1912）や『春の祭典』（1913）を機に、前衛的志向が強まり、その後の振付家、マシーンやニジンスカ、バランシンらによるモダニスムへと引き継がれていく。

パヴロワとカルサーヴィナという世紀の舞姫たちに加え、天才舞踊家ニジンスキーの出現により、男性がバレエの主役に躍り出たことも画期的であった。バレエ・リュスは、帝室ロシア・バレエの伝統と近代バレエをつなぐ架け橋となり、その潮流は、現代のバレエの世界にも継承されているのである。

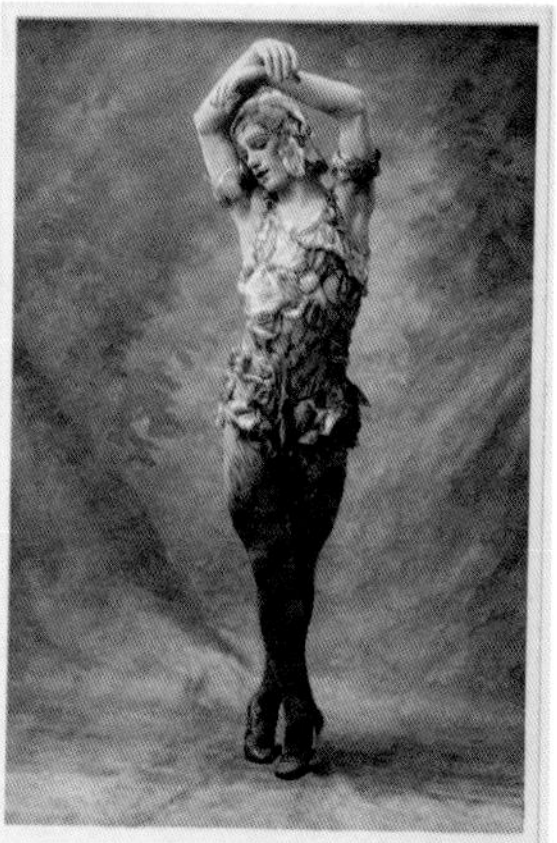

バレエ・リュスの伝説的ダンサー、『薔薇の精』を踊る、ワツラフ・ニジンスキー。(※)

ロシアからパリへ、世界へ《バレエ・リュス》

エネルギッシュな音楽と共にバレエ史に刻まれる傑作

火の鳥

『ペトルーシュカ』『春の祭典』と並ぶ、ストラヴィンスキー三大バレエの第一作。
ロシア民話をもとに、火の鳥の魔法の力で、王女と王子が結ばれる
エキゾティックな物語バレエ。エネルギッシュな音楽が近代への扉を開く。

台本：ミハイル・フォーキン（ロシア民話から）
音楽：イーゴリ・ストラヴィンスキー
振付：ミハイル・フォーキン
美術：アレクサンドル・ゴロヴィン
衣裳：レオン・バクスト、アレクサンドル・ゴロヴィン
初演：1910年6月25日パリ・オペラ座（バレエ・リュス）
構成：全2場
その他の代表的な版：
1949年　ジョージ・バランシン版（NYCB）
1964／1970年　モーリス・ベジャール版（20世紀バレエ団／パリ・オペラ座バレエ団）
1970年　ジョン・ノイマイヤー版（フランクフルト・バレエ団）
1981年　グレン・テトリー版（デンマーク・ロイヤル・バレエ団）

解説

『火の鳥』は、『ペトルーシュカ』『春の祭典』と並ぶ、ストラヴィンスキー三大バレエの第一作。バレエ・リュスの2年目のパリ・シーズンで初演され、大成功を収めた。火の鳥の魔法の力で、王女と王子がめでたく結ばれるエキゾティックな物語。エネルギッシュで絢爛とした音楽が、ロシア民話の幻想的世界を見事に伝えている。

あらすじは次の通り。

第1場：不死の魔王カスチェイの庭。イワン王子が、火の鳥を捕えるが、魔法の羽と引き換えに逃がす。古城の門から、魔法にかけられた13人の王女が出てきて、王子は、ひときわ美しいツァレヴナと恋に落ちる。王女たちの後を追って城門を開けた途端、カスチェイと魔物たちが現れる。カスチェイは、イワンを石に変えようとするが、カスチェイの魂が入った卵を割られると、死んでしまい、魔法は解かれる。

第2場：ツァレヴナと王子の結婚式が祝われる。

ウリヤーナ・ロパートキナの『火の鳥』（2012年白夜祭）。

みどころ

古典バレエの伝統を受け継いでいるが、主役は王女ではなく、火の鳥という点が目新しい。その神秘的な踊りやエネルギー溢れる飛翔には、近代的な兆しが感じ取れる。『眠れる森の美女』のカラボスにも似たカスチェイに、グロテスクな妖怪たちの群舞は、いかにも民話的。第2場の結婚式は荘厳な美しさである。

近代の振付では、ベジャール版が画期的。おとぎ話をパルチザンの闘争に置き換え、従来、女性が踊ってきた火の鳥を男性舞踊手に踊らせ、灰の中から蘇った不死鳥を象徴させた点が、感動的である。

ニジンスキー伝説を生んだバレエ・リュスの人気バレエ

薔薇の精

ロマン派作家のゴーティエの詩から想を得て、少女の夢想の世界を描いたロマンティックなパ・ド・ドゥ。薔薇の精を演じたニジンスキーの驚異的跳躍と少女役のカルサーヴィナの優美な名演が語り継がれている。

台本：ジャン=ルイ・ヴォードワイエ（テオフィル・ゴーティエの詩による）
音楽：カルル・マリア・フォン・ウェーバー『舞踏への勧誘』（エクトル・ベルリオーズ編曲）
振付：ミハイル・フォーキン
美術・衣裳：レオン・バクスト
初演：1911年4月19日モンテカルロ歌劇場（バレエ・リュス）
構成：全1場
その他の代表的な版：
1993年　アンジュラン・プレルジョカージュ版（プレルジョカージュ・バレエ団）

眠っている少女（エフゲーニャ・オブラスツォーワ）と踊る薔薇の精（マチアス・エイマン）。

解説

このバレエは、ゴーティエの生誕100周年に当たる、バレエ・リュスのパリ・シーズン3年目に初演された。創作のもとになったのは、ゴーティエの詩の「私は薔薇の精、あなたが昨日の夜会に連れていってくれた」という一節で、音楽はゴーティエが敬愛していたウェーバーの『舞踏への勧誘』が選ばれた。バレエ全体は、詩的な雰囲気をもち、ニジンスキーの跳躍力とともに、その両性具有的な魅力で、バレエは大成功を収める。

フランス窓が開いた少女の寝室。夜会服を身につけた少女が、夢見心地で入ってくる。手には、一輪の薔薇の花。少女は、花に口づけし、楽しかった舞踏会を追想するが、椅子にかけてまどろんでしまう。

突然、窓から薔薇の精が飛び込んでくる。眠っている少女の手を取り、しばらく一緒に踊った後、窓から消えていく。目を覚ました少女は、落ちている薔薇の花を拾い、いとおしみながら、ひと時の夢を懐かしむ。

みどころ

男性でも女性でもない両性具有の薔薇の精という役柄をいかに演じるかが見どころである。ニジンスキーの跳躍力を活かした振付は、登場から退場に至るまで随所で、高い跳躍の妙技を堪能させてくれる。

さらに、頭の上で輪を描くような柔らかな腕の動きが独特である。薔薇の花びらをつけた衣裳も身体のラインを際立たせるデザインがユニーク。少女が、夢の中に現れた妖精と一緒に踊るという設定は、実にロマンティックで、優美なデュエットには恍惚とさせられる。一幅の名画を見るような舞台である。

ロシアからパリへ、世界へ《バレエ・リュス》

東洋のエキゾティックな色彩溢れるバレエ・リュスの人気バレエ

シェエラザード

有名な『千一夜物語』(アラビアンナイト)から想を得た交響組曲に振り付けられた豊かな色彩の全1幕のバレエ。ハーレムを舞台に、王の寵姫ゾベイダと金の奴隷が官能の舞を繰り広げる。バレエ・リュスの人気演目の一つとして、ブームを巻き起こした。

台本：アレクサンドル・ブノワ(『千夜一夜物語』より)
音楽：ニコライ・リムスキー=コルサコフ
振付：ミハイル・フォーキン
美術・衣裳：レオン・バクスト
初演：1910年6月4日パリ・オペラ座(バレエ・リュス)
構成：全1幕
その他の代表的な版：
1995年　モーリス・ベジャール版(モーリス・ベジャール・バレエ団)
2001年　ブランカ・リ版(パリ・オペラ座バレエ団)
2009年　ジャン=クリストフ・マイヨー版(モンテカルロ・バレエ団)

解説

バレエ・リュスの2年目のパリ・シーズンで初演され、その東洋的な色彩に包まれ、絢爛とした世界が、パリを席巻した。王の寵姫ゾベイダを演じたのは、絶世の美女イダ・ルビンシテイン、金の奴隷は天才舞踊手のワツラフ・ニジンスキーで、二人のスターの共演による歴史的な名演が語り継がれている。

あらすじは次の通り。

舞台は、国王シャリアールのハーレムの居室。突然、王は狩りに出かける仕度を始める。弟のシャー・ゼマンの忠告を受け、女たちが、留守の間に不貞を働かないかどうか試そうというのである。

王たちが出かけてしまうと、ハーレムの女たちは大喜びで、宝石を身に着け、意のままに振る舞う。女たちに命じられて、宦官長が扉を開けると、中から奴隷たちが飛び出してくる。ゾベイダは、鍵を奪い、最後の扉を開け放つ。すると、金の衣裳の奴隷が現れ、ゾベイダと官能の世界に酔いしれる。饗宴の騒ぎが頂点に達したところへ、王の一行が帰還する。逃げ惑う奴隷や女たちは、次々に斬り殺され、金の奴隷も一撃のもとに倒される。哀れなゾベイダは、自ら短剣で命を絶つ。後には、惨状が広がる。

みどころ

弦の神秘的な響きと極彩色の美術が、ハーレムのエキゾティックな雰囲気を十二分に伝え、異国的な世界へいざなう。踊りは、ゾベイダと金の奴隷のデュエットが官能的な曲線美に溢れ、最も見応えがある。ゾベイダには妖艶な魅力が、金の奴隷には精悍で豹《ひょう》のようにしなやかな身のこなしが求められる。ハーレムの女や奴隷たちの踊りの饗宴も見ものである。炸裂すればするほど、その後の惨劇を際立たせて胸に迫るものがある。

このバレエには、さまざまな現代版が生まれたが、2009年にバレエ・リュス誕生1世紀を記念して制作されたのがマイヨー版。バクストの美術とカプランの現代美術を融合させ、斬新な振付で、20世紀初頭と現代を結びつけるのに成功した。

王の寵姫ゾベイダ（スヴェトラーナ・ザハーロワ）と金の奴隷（ファルフ・ルジマトフ）。エキゾティスムに満ちたバレエ・リュスの世界の再現。

人形の悲哀を描いたフォーキンの近代バレエの名作

ペトルーシュカ

作曲家ストラヴィンスキーの三大バレエの一つ。
ペトルーシュカ、バレリーナ、ムーア人という芝居小屋の人形たちが繰り広げる三角関係の物語。
ロシア的な音楽に、帝政ロシアの祭りの様子を再現した装置、生き生きとした振付が見事。

台本：イーゴリ・ストラヴィンスキー、
アレクサンドル・ブノワ
音楽：イーゴリ・ストラヴィンスキー
振付：ミハイル・フォーキン
美術・衣裳：アレクサンドル・ブノワ
初演：1911年6月13日パリ、シャトレ座（バレエ・リュス）
構成：全4場
その他の代表的な版：
1977年　モーリス・ベジャール版（20世紀バレエ団）
1982年　ジョン・ノイマイヤー版（ハンブルク・バレエ団）
1989／90年　オレグ・ヴィノグラードフ版
（スコティッシュ・バレエ団／
キーロフ・バレエ団）

解説

この作品は、『火の鳥』に次ぐストラヴィンスキーとフォーキンのバレエである。ストラヴィンスキーは、『春の祭典』に取りかかる前に、新しいバレエの構想を練り始める。ピアノが操り人形のイメージで、オーケストラと争っているような、そんな作品が頭にひらめき、『ペトルーシュカ』が誕生する。初演は、バレエ・リュスの3年目のパリ・シーズン。ペトルーシュカはニジンスキー、バレリーナはカルサーヴィナ、ムーア人はオールロフ、人形遣いはチェケッティという豪華な配役で、特にニジンスキーとカルサーヴィナの名演が伝説となっている。

あらすじは、次の通り。

第1場：1830年頃の真冬のペテルブルク、海軍省前広場。町は謝肉祭の市で賑わっている。人形芝居が始まり、人形遣いが、ペトルーシュカ、バレリーナ、ムーア人の人形たちをあたかも生き物のように操る。

第2場：ペトルーシュカの小部屋。バレリーナに恋するペトルーシュカは、ムーア人に嫉妬心を抱く。バレリーナが入ってきて、ペトルーシュカが熱烈に愛の告白をすると、バレリーナは、戸惑って出て行ってしまう。

第3場：ムーア人の部屋。バレリーナが、ムーア人に会いにきて、二人はたちまち意気投合。そこへ、ペトルーシュカが入っ

ペトルーシュカ（ウラジーミル・マラーホフ）は芝居小屋の道化人形。屈折した動きに愛と悲しみを表す。

てきて、恋人たちを罵倒するが、ムーア人に蹴飛ばされ、放り出されてしまう。

第4場：海軍省前広場。祭りもたけなわとなり、人々の踊りも佳境に入る。突然、芝居小屋から叫び声が聞こえ、歌と踊りは中断。ムーア人に追われたペトルーシュカが、中から飛び出してくる。辺りを逃げ回るが、ムーア人のサーベルの一撃に倒れる。ペトルーシュカは、おがくずでできた人形であった。屋根の上にペトルーシュカの亡霊が現れ、幕となる。

バレリーナ（小出領子）をめぐりペトルーシュカとムーア人（後藤晴雄）の諍いが起こる（東京バレエ団）。

みどころ

これは、人形の物語だが、ペトルーシュカをはじめとする人形たちが、人間のように魂を得て動き出す。人形振りの中に込められた、愛や悲しみ、怒り、嫉妬といった感情表現が見ものである。

ペトルーシュカの屈折した動き、バレリーナの細やかなポワント・ワーク、ムーア人のコミカルな演技なども特徴的。第1場の見世物小屋の中で、3人が並んで踊り始める場面は、ピアノのリズミカルな響きに調和して心地よい。

フォーキンは、群衆シーンの構成にたけていて、街の人々が一人一人異なる演技を見せるので、まるで本物の風景を見ているようなリアリティがある。

心の迷宮に踏み込んだベジャール版

新版の中でも、ベジャール版の斬新な手法が特筆される。ちなみに、ベジャールは、〝ストラヴィンスキー三部作〞として『ペトルーシュカ』のほかに『火の鳥』『春の祭典』という傑作を振り付けている。

主要登場人物は、青年、若い娘、友人と現代に置き換えられている。青年は、魔法使いから借りたペトルーシュカ、女、ムーア人の3種類の仮面によって、夢遊病の世界に入り込み、最後に友人の裏切りを知って、人格を失ってしまうというもの。ベジャール独特の心理分析を加えた演出が独創的である。

近代バレエの先駆けとなった天才ニジンスキーの野心作

牧神の午後

天才舞踊家ニジンスキーの振付・主演によって初演され、その斬新な解釈がセンセーションを巻き起こした伝説の名作。マラルメの田園詩に触発され、ギリシャ神話の牧神とニンフの戯れを12分間の中に濃密に描いたもの。幻想的な雰囲気の中にエロスが漂う。

台本：ワツラフ・ニジンスキー（ステファン・マラルメの詩による）
音楽：クロード・ドビュッシー『牧神の午後への前奏曲』
振付：ワツラフ・ニジンスキー
美術・衣裳：レオン・バクスト
初演：1912年5月29日パリ、シャトレ座（バレエ・リュス）
構成：全1場
その他の代表的な版：
1935年　セルジュ・リファールによる改訂版（パリ・オペラ座バレエ団）
1953年　ジェローム・ロビンズによる新版（NYCB）
2008年　ジャン=クリストフ・マイヨー版『フォーヴ』（ローザンヌ・ボーリュー劇場）

解説

『牧神の午後』は、ニジンスキーの振付家としてのデビュー作である。ニジンスキーの振付作品には、ほかに『遊戯』『春の祭典』『ティル・オイレンシュピーゲル』があるが、バレエ・リュスのレパートリーに残ったのは、この作品だけである。音楽も振付も、マラルメの詩『牧神の午後』からインスピレーションを得て誕生した。

『薔薇の精』で驚異的な跳躍を披露したニジンスキーが、半神半獣の奇妙な動物に扮して、古代ギリシャのレリーフから抜け出た彫像のような動きやポーズを見せる。

これは、まったく目新しい特異な作品で、とりわけ牧神の欲望を露にしたラスト・シーンは、観客に戸惑いと驚きを与え、幕が下りると、客席は野次と喝采で騒然となったという。

しかし、バレエ・リュス宣伝のために話題作りを好んだ興行家ディアギレフにとって、この初演時の事件は、スキャンダラスではなく、むしろ歓迎すべきことだった。

ニジンスキー以後、セルジュ・リファールやルドルフ・ヌレエフ、パトリック・デュポン、シャルル・ジュドなど錚々たるスターたちがこの作品を踊り、新たな伝説を生んできた。

あらすじ

夏の日の昼下がり。小高い丘に、牧神が夢見心地に横たわっている。横笛を吹き、ぶどうをむさぼっていると、ニンフたちが水辺に水浴にやってくる。牧神が近寄ろうとすると、ニンフたちは逃げていってしまう。一番美しいニンフが一人残り、牧神が求愛するが、ニンフは手にしていたヴェールを落として逃げて行く。牧神は、そのヴェールをそっと拾い上げ、岩場で、ニンフを慕ってヴェールを激しくかき抱く。

みどころ

幕が上がった途端、目の前に広がるバクストの美術が壮観である。幻想的な野山を背景に、丘の上に横たわった牧神。神秘的なドビュッシーの音楽に導か

牧神（バンジャマン・ペッシュ）はニンフ（ローラ・エケ）と見つめ合う。ギリシャの壺絵から取られたという独特のポーズ。

れ、ギリシャ神話の世界にたちまち引き込まれてしまいそうだ。

まず牧神の一挙手一投足に注目。人間でも動物でもない牧神の役をどう演じるか。ギリシャの壺絵から取られた、独特の横向きのポーズや動きをはじめ、表情の微妙な変化が見逃せない。古典バレエの技法は見られず、特にテクニックを誇示する場面もないので、表現力や存在感などが見どころとなる。

中でも、牧神が、お気に入りのニンフと見つめ合った瞬間や、ニンフが残したヴェールをいとおしむラスト・シーンが極めて官能的である。

古代の衣裳をまとったニンフたちが、身体は正面、顔は横向きで、しずしずとすり足で移動する振付もユニークだ。

ロビンズとマイヨーの新解釈

ドビュッシーの『牧神の午後への前奏曲』に振り付けた新版としては、まずロビンズ版が画期的である。バレエの稽古場を舞台に、客席を鏡に見立てて、男女のダンサーがデュエットを繰り広げるもの。二人は決して視線を交わすことがない。ほんのりと詩的で官能的なムードが漂う名作で、初演から半世紀を経た現在でも、輝きを失っていない。

マイヨー版は、やはりデュエットで、箱という閉ざされた空間の中で、牧神とニンフが戯れる。官能の密度が高い作品である。

ロシアからパリへ、世界へ《バレエ・リュス》

歴史的スキャンダルを招いた天才ニジンスキーの革新性

春の祭典

音楽と振付の革新性ゆえに、初演当時、大スキャンダルを巻き起こしたことで知られる
伝説的名作。ストラヴィンスキーのプリミティブな音楽は、
ニジンスキー以後、多くの振付家たちにインスピレーションを与え、新版を輩出させた。

解説

『春の祭典』は、ニジンスキーにとって、『牧神の午後』に続く新たな実験作であった。ストラヴィンスキーのめまぐるしく変化する音楽に対して、ニジンスキーは、独自のリズムをもった動きを創造しようとした。内股のポーズや歩行、大地を踏み鳴らす素朴な動きは、完全に古典バレエのメソードから逸脱するものであった。新作は120

台本：イーゴリ・ストラヴィンスキー、ニコライ・レーリヒ
音楽：イーゴリ・ストラヴィンスキー
振付：ワツラフ・ニジンスキー
美術・衣裳：ニコライ・レーリヒ
初演：1913年5月29日パリ、シャンゼリゼ劇場（バレエ・リュス）
構成：全2部
その他の代表的な版：

1920年	レオニード・マシーン版（バレエ・リュス）
1959年	モーリス・ベジャール版（モネ王立劇場バレエ団およびパリ・テアトル・バレエ団）
1975年	ピナ・バウシュ版（ヴッパタール舞踊団）
1980年	ポール・テイラー版（テイラー舞踊団）
1984年	マーサ・グラハム版（グラハム舞踊団）
2001年	アンジュラン・プレルジョカージュ版（プレルジョカージュ・バレエ団）

ロシアの民族衣裳に身を包んだ乙女たちの踊り。生贄を選ぶ神秘的な儀式を表している（パリ・オペラ座バレエ団）。

回に及ぶリハーサルの末、初演を迎える。聞いたこともない不協和音と、見たこともない野心的な振付に、観客は仰天し、劇場は野次と怒号で騒然となったという。

この作品は、初演後まもなくレパートリーから消え、初演時のニジンスキー版が蘇ったのは、74年後のことだった。舞踊史家・振付家のミリセント・ホドソンと、美術史家のケネス・アーチャーが共同で復元作業を進め、7年間に及ぶパズルのような綿密な作業を経て、87年ロサンジエルスで、ジョフリー・バレエ団によって復活上演が行われた。現在では、パリ・オペラ座バレエ団やマリインスキー・バレエ団のレパートリーにも取り入れられ、現代バレエへの扉を開いたニジンスキーの革新性が再評価されている。

なお、ニジンスキー版の初演から7年後の1920年に、バレエ・リュスで上演されたマシーン版も、ニジンスキー版と並ぶ名作と言われている。

あらすじは、次の通り。

第1部：大地礼賛

古代ロシアの春。大地には、一面草花が生い茂り、春の喜びに溢れている。300歳の老婆が大地を清め、老いも若きも大地を礼賛し、踊りに身を捧げる。そこへ賢者が現れ、大地に口づけし、感謝を捧げる。人々は、大地を踏み鳴らし、恍惚状態に陥る。

第2部：犠牲

真夜中。聖域の丘で、乙女たちが輪になって踊っている。その中の一人が、太陽の花嫁に選ばれる。乙女は恐怖でその場に立ちつくし、村人たちが見守る中、狂おしく踊りながらやがて力尽きる。乙女は太陽神に捧げられ、儀式の幕は閉じられる。

みどころ

復元されたニジンスキー版では、まずレーリヒによる古代ロシアの原初的な大地を描いた美術と、色彩鮮やかな衣裳の素晴らしさが強烈な印象を与える。

第1部は、何組かのグループに分かれた群舞の動きと、舞台に描かれるフォーメーションの多様さが見ものである。音楽の複雑なリズムに呼応した踊りは、力強いエネルギーを秘め、躍動的。踊り手たちの足下に注目すると、平行あるいは内股のポジションがとられているのがわかる。こぶしを振り上げ、大地を繰り返し踏み鳴らす動きは、今なお現代的なものに感じられるだろう。

第2部は、冒頭の乙女たちの遊戯を見るような神秘的な輪舞から、生贄《いけにえ》の娘が選ばれる過程がドラマティックである。

そこから一気にクライマックスへと突き進み、神に捧げられた乙女が、横向きで両足跳びを続ける踊りが痛ましい。

20世紀の名版の数々

数々の新版の中でも、特筆されるのがベジャール版。レオタード姿の踊り手が、シンプルな振付で、2つの性による生命の躍動を謳い上げ、傑作の誉れ高い。この成功により、20世紀バレエ団が誕生した。

それから16年後に生まれたバウシュ版は、舞台全面が土で覆われ、生贄の乙女が、群衆の冷ややかな視線を浴びて、力尽きるまで踊る姿は壮絶である。現代社会の中の孤独や悲壮感を浮かび上がらせ、衝撃を呼んだ。そのほか、テイラー版は、ピアノ連弾によるブラック・ユーモアの世界。グラハム版は、アメリカ先住民族の儀式を描き、プレルジョカージュ版は、一糸もまとわずに踊る生贄の姿が衝撃を与えた。

プロットレス・バレエの誕生
ジョージ・バランシン
（1904-1983）

Plotless ballet : George Balanchine

物語があるのが普通と思われていたバレエに、筋のない「プロットレス・バレエ」の概念をもたらしたジョージ・バランシンの偉業は、しばしばピカソやストラヴィンスキーのそれと並び称され、20世紀の三大芸術家として位置づけられる。ニューヨーク・シティ・バレエ団（NYCB）を設立し、バレエがほとんど不毛であったアメリカにバレエを根づかせた大振付家。純粋なダンスそのものを見せる作品は、〝見る音楽〟にたとえられ、プロットレスといえども中身は緻密で、豊かな音楽性やドラマをはらんでいる点が作品の醍醐味である。

バランシンは、1904年サンクトペテルブルクに生まれ、偶然なことから帝室舞踊学校に入学。ロシア革命の動乱の最中に、帝室バレエ団の一員となる。すでに学生時代から振付の才能を現す。1924年に仲間と共に亡命し、パリでバレエ・リュスと契約。ここで『アポロ』（1928）や『放蕩息子』（1929）など10余りのバレエを創作。前者には、ネオ・クラシックの方向性が見られ、後者は、聖書の物語に取材しているが、振付はモダンで象徴的。いずれもバランシンの初期の傑作に数えられ、現在でも繰り返し上演されている。

現代バレエの父、バランシン。
©dpa/PANA

1929年、ディアギレフの死と共に、バレエ・リュスは解散。その後、アメリカの富裕な青年リンカーン・カースティンとの出会いによって、バランシンに転機が訪れる。アメリカにバレエ芸術を定着させたいという夢を抱いたカースティンに招かれ、1933年渡米。翌年、スクール・オブ・アメリカン・バレエが開校し、『セレナーデ』が発表される。

1946年バレエ・ソサエティが発足し、1948年にはNYCBが誕生。バランシンは、芸術監督として、自身とバレエ団の地位を確立し、バレエ団のために『オルフェウス』、『アレグロ・ブリランテ』、『アゴン』、『真夏の夜の夢』、『ツィガーヌ』など、膨大な数の名作を世に送り出した。

「バレエは女性である」と語り、タナキル・ルクレアからスザンヌ・ファレルまで数々のミューズたちに作品を捧げている。現在、その作品は、世界中で踊られ、バランシン抜きに今日のバレエは語れないだろう。

太陽神アポロへの賛美　ネオ・クラシック・バレエの傑作

アポロ（ミューズを導くアポロ）

『放蕩息子』と並ぶ、バレエ・リュス時代のバランシンの傑作。
ディアギレフが亡くなる前の年に初演され、バランシンの後年のネオ・クラシックの作品群の先駆けとなる。アポロと3人のミューズの織りなすシンプルな造形美。

台本・音楽：イーゴリ・ストラヴィンスキー
振付：ジョージ・バランシン
美術・衣裳：アンドレ・ボーシャン
初演：1928年6月12日パリ、サラ・ベルナール劇場（バレエ・リュス）
構成：全2場

アポロ（デヴィッド・ホールバーグ）とテレプシコール（オレシア・ノヴィコワ）。

解説

ギリシャ神話をテーマとし、弦楽合奏の荘重な響きの中で、従来の古典バレエには見られなかったような斬新な動きやポーズが随所にちりばめられている。

第1場：アポロの誕生。夜明けに、レトはゼウスの子アポロを出産する（この場面は、79年、バリシニコフとNYCBの上演以来、省略され、『アポロ』として上演されることが多い）。

第2場：アポロの踊り。リュートを奏でるアポロの前に、3人の女神が登場する。アポロは、それぞれの芸術を象徴する贈り物を授ける。

詩の女神カリオペには書石版を、無言劇の女神ポリヒムニアには仮面を、舞踊の女神テレプシコールには竪琴を贈る。

女神たちは、それぞれの芸術を披露して踊る。今度はアポロの輝かしいソロ。続いて、アポロはお気に入りのテレプシコールとパ・ド・ドゥを踊る。再び、3人の女神と共にコーダを踊った後、アポロはゼウスの声に引かれ、ミューズたちとパルナッソス山に登る。

みどころ

ストラヴィンスキーの弦楽の調べに触発された、バランシンの振付は、まったく無駄のない動きから構成され、近代バレエの粋を伝えている。古典の規範にとらわれない、輪郭のくっきりとした動きやポーズがすがすがしい。見どころは、まずアポロの威厳ある踊り。リュートを奏でたり、天を仰いで威光を示す。さらに非の打ちどころのないラインや3人のミューズと形作る構図の美しさに注目したい。アポロとテレプシコールのデュエットも現代的な瑞々しさに満ちた名場面である。

バランシンの初期の傑作　現代のロマンティック・バレエ

セレナーデ

筋のない、純粋な動きの美しさを追求したバランシンの初期の名作。シンプルなパで構成され、水色の衣裳をまとった妖精のような女性舞踊手たちの魅力を最大限に発揮させている。叙情的な弦の調べを身体が雄弁に奏でる様は、まさに〝見る音楽〟である。

音楽：ピョートル・イリイチ・チャイコフスキー『弦楽のためのセレナーデ ハ長調』
振付：ジョージ・バランシン
初演：1934年6月9日ニューヨーク（スクール・オブ・アメリカン・バレエ）
構成：全4部
プロのバレエ団による上演：
1935年3月1日ニューヨーク、アデルフィ・シアター（アメリカン・バレエ）
1948年10月18日ニューヨーク・シティ・センター（NYCB）

解説

1929年に、ディアギレフという強力なリーダーを失ったバレエ・リュスは解散。団員たちは散り散りとなり、バランシンも新たな活動の拠点を求めて、1933年に渡米した。

その翌年の34年に、スクール・オブ・アメリカン・バレエを創設し、上級クラスの生徒のために振り付けたのが『セレナーデ』である。これは、バランシンが、アメリカで最初に作ったバレエである。流麗なアンサンブルと、ロマンティックな雰囲気から、〝バランシンの『レ・シルフィード』〟とも言われる。

「このバレエに、特別なストーリーはない。あるとすれば、それは月明かりの中のダンスである」と、バランシンは説明しているが、作品の中に、何らかのエピソードを見出せないこともない。構成は次の通り。

1．ソナチネ形式による断章：青白い舞台に、水色の長い衣裳

チャイコフスキーのロマンティクな曲想がぴったりの『セレナーデ』はバランシンの『レ・シルフィード』とも称される（NYCB）。

水色の長い衣裳をつけた17人のコール・ド・バレエ。音楽との見事な一体感が何よりの魅力である。

をつけた17人の女性舞踊手たちが、右手を上げて佇んでいる。弦の音色によって、生命を吹き込まれたかのように動き始める。アンダンテの音楽が、途中からアレグロに変わり、踊りのスピードが増して行く。再び全員が並び最初のポーズ。遅れてきた一人の女性のもとへ男性が近づいてくる。

2．ワルツ：二人は、軽快なワルツのリズムに乗って、心地よさそうに踊り始める。群舞は、『ジゼル』のように幻想的。

3．ロシア的主題：哀愁を帯びたメロディーで、5人の女性舞踊手が手をつないで踊る。女性ソリストを追うように男性ソリストがこれに続く。爽快な群舞が舞台を盛り上げる。

4．エレジー：倒れている女性ソリストのもとに、男性ソリストと、その背後に隠れた「天使」のような女性が現れる。夢を見ているような幻想的な光景が続く。再び「天使」が現れ、男性を連れ去ってしまう。後に残った女性ソリストが、高々とリフトされ幕となる。

バレエでは、原曲の第3楽章と第4楽章が入れ替わっている。これは、最後をメランコリックにしたいという振付家の意向によるものである。

みどころ

この作品は、バレエ学校の生徒たちのために作られたもので、バレエの基本的なパで構成されている。それが、バランシンの手にかかると、まるで音符がきらきらと輝かしい音色を奏でるように、別物に生まれ変わってしまう。まさに音楽と一体となったスピーディーなバランシン・バレエの醍醐味が十二分に味わえる。

すらりとしたラインの女性舞踊手たちによる群舞の整然とした美しさ。各楽章の芯となるソリストたちのデュエットやトリオが見もの。とりわけ、最終楽章で、「天使」が現れ、一人の女性が昇天していくラスト・シーンは深い余韻を残す。

振付家が取り入れたエピソード

「このバレエに物語はない」とバランシンは語る。しかし、作品の中には、実際のレッスン中に起こった出来事がいくつか盛り込まれているのが興味深い。

最初のレッスンに現れたのは、女子17名。バレエは、この人数で始まり、途中から男子が現れたので、男性のパートも作られた。倒れて泣きくずれた生徒や、遅れてきた生徒のエピソードなどもさりげなくバレエの流れの中に取り入れられ、それが何かしらのドラマ性や関係を感じさせることも確かである。

プロットレス・バレエの誕生《ジョージ・バランシン》

3種類の宝石がきらめくバランシンの純粋バレエの美

ジュエルズ

『ジュエルズ(宝石)』は、《エメラルド》《ルビー》《ダイヤモンド》の3部からなり、まさに宝石を並べたようなきらびやかな作品。バランシンと関わりの深いフランス、アメリカ、ロシアへのオマージュが込められたバランシン・バレエの粋を堪能させてくれる。

音楽：ガブリエル・フォーレ
『ペレアスとメリザンド』『シャイロック』
イーゴリ・ストラヴィンスキー
『ピアノと管弦楽のためのカプリッチョ』
ピョートル・イリイチ・チャイコフスキー
『交響曲第3番 ポーランド』
振付：ジョージ・バランシン
初演：1967年4月13日ニューヨーク州立劇場（NYCB）
構成：全3部

解説

バランシンは、宝石にちなんだバレエを、1947年、パリ・オペラ座のために振り付けている。『水晶宮』である。それから20年後、バランシンは、ある日、ニューヨークの五番街を散歩中、ある有名な宝石店のショーウインドーの前で足を止めた。そこには、ダイヤモンドに、エメラルド、ルビーといった豪華な宝石が陳列されていた。新作の準備をしていたバランシンの頭には、即座に『ジュエルズ』というタイトルが思い浮かび、バレエが出来上がった。

初演ソリストは、《エメラルド》が、ヴィオレット・ヴェルディとコンラッド・ルドロー、《ルビー》が、パトリシア・マクブライドとエドワード・ヴィレラ、《ダイヤモンド》がスザンヌ・ファレルとピーター・マーティンスという顔ぶれ。近年、バランシンの故郷であるマリインスキー・バレエ団をはじめ、パリ・オペラ座バレエ団、英国ロイヤル・バレエ団、ミラノ・スカラ座バレエ団、ボリショイ・バレエ団など世界の主要劇場で上演されるようになった。

第3部《ダイヤモンド》のパ・ド・ドゥ。クリスティーナ・シャプランとティムール・アスケロフ（マリインスキー・バレエ団）。

みどころ

第1部：エメラルド

バランシンのフランスへのオ

第2部《ルビー》より、中央女性はエカテリーナ・コンダウーロワ。

マージュ。フォーレの『ペレアスとメリザンド』『シャイロック』より8曲で構成される。3曲目、第2ソリストによる『シシリエンヌ』は名曲。深みのあるグリーンのロマンティック・チュチュの女性たちが、妖精を思わせる優雅なソロや群舞を繰り広げ、ロマンティックな香りを舞台いっぱいにふりまく。

第2部：ルビー

アメリカへのオマージュ。衣裳は、まさにルビー色の輝くような赤。ストラヴィンスキーの『カプリッチョ』に乗せて、ショー・ミュージカルのような5つのシーンが軽妙なタッチで展開される。女性ソリストのダイナミックなソロに、ソリストのペアによる騎士と姫君のようなパ・ド・ドゥが見どころである。

第3部：ダイヤモンド

ロシアへのオマージュ。音楽は、チャイコフスキーの『交響曲第3番』の第2楽章から第5楽章まで（第1楽章はカット）が使われている。

第2楽章「ア・ラ・テデスカ」のワルツは、純白のチュチュの女性舞踊手たちの群舞で、『白鳥の湖』などの白いバレエを想起させる。

第3楽章「エレジー風アンダンテ」は、ソリスト二人によるパ・ド・ドゥ。『白鳥の湖』のオデットと王子を思わせる、憂愁が漂う。

第4楽章「スケルツォ」は、一転して速いテンポ。雪片が舞うようなスリリングなアンサンブルに続いて、ソリストたちが登場、華やかな技巧を披露する。

第5楽章「フィナーレ」は、『眠れる森の美女』や『テーマとヴァリエーション』を彷彿させる壮観なアンサンブルで、華やかなりし帝室ロシア・バレエへオマージュを捧げ、幕を下ろす。

プロットレス・バレエの誕生《ジョージ・バランシン》

プティパの古典バレエへのオマージュとして創作

テーマとヴァリエーション

『水晶宮』や『ジュエルズ』等と並び、チュチュで踊られるシンフォニック・バレエの代表作。主題に続いて12の変奏曲で構成され、主役ソリスト（プリマ・バレリーナと騎士）とコール・ド・バレエが入れ替わり立ち替わり登場し、絶妙なアンサンブルを展開する。

音楽	チャイコフスキー『管弦楽組曲第3番』第4曲[主題と変奏]
振付	ジョージ・バランシン
初演	1947年11月26日 ニューヨーク・シティ・センター（バレエ・シアター） 1970年12月3日NYCB 『組曲第3番』に挿入
構成	全1幕

解説

このバレエは一見抽象的に見えて、随所に古典の『眠れる森の美女』や『白鳥の湖』の一場面が見え隠れする。それもそのはず、バランシンは、当初からオーロラ姫のイメージでという希望に沿うように振り付けたという。初演はアリシア・アロンソとイーゴリ・ユスケヴィッチ。主役二人を中心に、コール・ド・バレエが配置されている構図は、宮廷の縮図にも似て、バランシンが過ごした帝室バレエの古き良き伝統を偲ばせる。

主題で、プリマ・バレリーナがバットマン・タンデュで歩を進めると、騎士が同じパで追いかけるようにしてバレエは始まる。主題が緩急をつけて変奏され、最後は総出演の祝祭的なポロネーズ。バランシンのステップは、ダンサーを限界に挑戦させるかのようにスピーディー。それが達成された時の興奮は何とも言えない。

チュチュで踊られるバランシン作品。コール・ド・バレエはブルーの衣裳。プリマ・バレリーナを踊るドロテ・ジルベール（パリ・オペラ座バレエ団）。

みどころ

プリマ・バレリーナと騎士の男性ソリストは、それぞれ二つのヴァリエーションを踊るが、いずれも超絶技巧が盛り込まれ、妙技の見せどころと言えよう。とりわけ、女性ヴァリエーションのスピードの速さは驚異的。まず第2変奏でジャンプと回転で急発進。中盤、『眠れる森の美女』の幻影の場かと思うほど優雅に踊った直後、猛スピードで第2変奏と同様のステップを踏む。最後男女ペアになって行進して来るところは貴族的で格調高く、プティパの古典バレエのアポテオーズを想起させる。

プロットレス・バレエの誕生《ジョージ・バランシン》

清涼感溢れるバランシン・バレエのエッセンス

チャイコフスキー・パ・ド・ドゥ

チャイコフスキーの名曲に乗せた爽快なパ・ド・ドゥ。回転や跳躍の技巧がふんだんにちりばめられ、バランシン独特のスピードに乗ったスリリングな踊りを堪能できる。音楽とステップが見事に溶け合った、まさに〝見る音楽〟。

音楽：ピョートル・イリイチ・チャイコフスキー『白鳥の湖』第3幕より
振付：ジョージ・バランシン
初演：1960年3月29日ニューヨーク・シティ・センター（NYCB）

最後のポーズ。ドロテ・ジルベールとユーゴ・マルシャン（パリ・オペラ座バレエ団）。

解説

全幕ものの抜粋ではなく、最初から独立したパ・ド・ドゥとして振り付けられた。音楽は、『白鳥の湖』がモスクワで初演された際、4回目の公演で、チャイコフスキーが、プリマのアンナ・ソベスチャンスカヤのために作曲した第3幕のもの。その後、長い間忘れ去られていたが、1953年にチャイコフスキー財団によって発見された。初演は、ニューヨーク・シティ・バレエ団の名手ヴィオレット・ヴェルディとコンラッド・ルドロー。本来オディールと王子のパ・ド・ドゥであった原曲のイメージを塗り替え、華やかで躍動感溢れる作品が生まれた。

これまでニューヨーク・シティ・バレエ団の至宝スザンヌ・ファレルとピーター・マーティンスをはじめ、パトリシア・マクブライドとミハイル・バリシニコフ、パリ・オペラ座のモニク・ルディエールとマニュエル・ルグリなど、世界中のスターたちによって踊られてきた。

みどころ

アンダンテによるアダージョの優雅な滑り出しから、男女の各ヴァリエーション、そしてコーダへと、アレグロのスピードに乗って疾風の如く一気に駆け抜ける踊りは実に爽快。二人の技の応酬が見ものである。バランシンは、踊り手それぞれの特技を盛り込むことを許したため、男性ヴァリエーションとコーダの振付が異なる場合があり、それもまた比較の楽しみがある。

「バレエ史を彩る」エポック・メイキング作品

20世紀コリオグラファー列伝

ジェローム・ロビンズ

（1918–1998）

Jerome Robbins

ニューヨークに１９１８年生まれたロビンズは、真にアメリカ的な振付家である。バランシンと同様に筋のないプロットレス・バレエが主流だが、作品には、詩情やユーモアが漂い、温かみを感じさせるものが少なくない。

40年、バレエ・シアター（後のＡＢＴ）に参加し、44年に初の振付作品『ファンシー・フリー』（音楽レナード・バーンスタイン）で、大成功を収める。この作品が45年にミュージカル『オン・ザ・タウン』として生まれ変わり、49年には映画化され、世界的大ヒットとなる（邦題は『踊る大紐育』）。

49年に、ＮＹＣＢの副バレエ・マスターに就任。『檻』（１９５１）、『牧神の午後』（１９５３）、『コンサート』（１９５６）、『イン・ザ・ナイト』（１９７０）、『グラス・ピーシズ』（１９８３）など次々に秀作を生む。ミュージカルの振付家としても世界的に著名で、『王様と私』（１９５１）、『ウエスト・サイド・ストーリー』（１９５７）、『屋根の上のヴァイオリン弾き』（１９６４）は大ヒットとなった。83年バランシン没後は、ピーター・マーティンスと共に、ＮＹＣＢの共同芸術監督を務め、90年に退任した。

『ウエスト・サイド・ストーリー』（NYCB）。

日本では、２０１７年、東京バレエ団が『イン・ザ・ナイト』を上演したのが記憶に新しい。18年は、ロビンズと作曲家バーンスタインの生誕１００年という節目に当たり、二人の共同作品としてバレエ『ファンシー・フリー』が世界各地で上演された。物語は、三人の水兵が24時間の休暇を利用して、ニューヨークの街へ繰り出し、恋のアバンチュールを繰り広げるもの。初演は何と第二次世界大戦の真っ只中で、それから数カ月後にミュージカル『オン・ザ・タウン』が誕生した。ミュージカル版の主役「ミス改札口」アイヴィを演じたのは、日系の美人バレリーナ、ソノ・オーサト（１９１９―２０１８）。34年からバレエ・リュス・ド・モンテカルロで踊り、41〜43年バレエ・シアターに参加した。２０１９年、奇しくもオーサトの生誕１００年に合わせたかのように、『オン・ザ・タウン』が兵庫県立芸術文化センターの芸術監督佐渡裕のプロデュースにより上演された。

ロビンズのショパン・シリーズの傑作

ダンシズ・アット・ア・ギャザリング

ロビンズは、ショパンのピアノ曲を使って名作を輩出しているが、これはその一つ。
特にストーリーはなく、マズルカやワルツなどに乗せた詩的なダンス組曲。
10人の踊り手が登場し、ソロからパ・ド・ドゥ、トリオ、群舞と、爽やかな雰囲気を醸し出す。

音楽：フレデリック・ショパン
振付：ジェローム・ロビンズ
初演：1969年5月22日ニューヨーク州立劇場（NYCB）
構成：全1幕

マズルカ、ワルツをメインにショパンのピアノ作品を使用。ロビンズ作品の代表作（NYCB）。

解説

この作品は〝ロビンズの『レ・シルフィード』〟とも言われ、初演は、その純粋な動きの美しさと比類ない創造性により、大成功を収めた。ロビンズは、作品の趣旨について「私の興味があるのは、人間関係と感情、そしてダンスを讃えることである」と語っている。

10人の踊り手（男女各５人）のために創られ、音楽は18曲。踊り手は、それぞれ茶色、黄色、緑、ピンク、パープル、青など、衣裳の色で区別される。１曲目は、マズルカで、茶色の衣裳の男性ソリストが登場し、２曲目は、黄色の女性と緑の男性とのワルツ、３曲目はピンクの女性とパープルの男性のアダージョ……と、ソロやデュエット、トリオなどが続き、最後のノクターンで、全員が揃う。

ロビンズのショパン・シリーズには、ほかに『コンサート』（１９５６）、『イン・ザ・ナイト』（１９７０）、『アザー・ダンス』（１９７６）などがあり、いずれも音楽性豊かな逸品である。

みどころ

「このバレエにストーリーはない」とロビンズもまたバランシンと同じようなことを語っている。とはいえ、踊り手たちの視線のやり取りや表情からは、何らかの関係が感じられ、会話が聞こえてくるようである。ロビンズは、青空をバックにした舞台を、若者たちが散策する公園にでも見立てたのであろうか。憂いのあるソロから、遊び心のあるデュエット、競い合うような男性デュエット、５組のカップルが出会うフィナーレに至るまで、音楽の曲想により、変化に富んだ雰囲気が味わえる。

20世紀コリオグラファー列伝

リファール、チューダー

(1905–1986)　(1908–1987)

Serge Lifar & Antony Tudor

セルジュ・リファールはディアギレフに見出された最後のスターで、バレエ・リュス直系の偉大な舞踊家。1929年、病気になったバランシンに代わって、パリ・オペラ座にベートーヴェン作曲『プロメテウスの創造物』を振り付け、翌年オペラ座の第一舞踊手兼メートル・ド・バレエとして契約される。その比類なきカリスマ性と強靭な指導力で、オペラ座を改革し、20世紀半ばの黄金期を築いた。名花オリガ・スペシフツエワと『ジゼル』を共演し、神話に題材を得た実験作『イカール』(1935)を自作自演するなど、第一線のスターとして活躍する一方、イヴェット・ショヴィレに代表される名エトワールたちを育成した。『白の組曲』をはじめ、『巡回の間に』、『イスタール』、『騎士と姫君』、『レ・ミラージュ』、『フエードル』など多数の作品を振り付けた。そのネオ・クラシックの手法は、プティやベジャールらにも影響を与えた。

『アポロ』を踊るリファール。
バレエ・リュス直系の舞踊家だった。

アントニー・チューダーのバレエは、「心理バレエ」と称され、親しみのある物語や派手な技巧で楽しませる類のものではない。そのため、同時代にアメリカで活躍したバランシンやロビンズなどの陰に隠れがちだが、人間の内面に踏み込んだ独自の手法で新たな地平を切り開いた。

ロンドンに生まれたチューダーは、パヴロワやバレエ・リュスの公演を見て、バレエの道を志す。バレエ・リュス出身のマリー・ランベールのバレエ団で、振付を始め、『リラの園』や『暗い悲歌』を発表、振付家としての名声を確立する。1939年に渡米し、ABTの振付家や芸術監督として活躍。『火の柱』、『葉は色あせて』などの名作を生んだ。

1965年には、チューダーを迎えて、日本でその代表作を特集する公演が行われ、スターダンサーズ・バレエ団誕生のきっかけを作るなど、我が国との関わりも深い。

20世紀コリオグラファー列伝《チューダー》

月夜のガーデンパーティーが舞台　20世紀の心理バレエの名作

リラの園

登場人物の心理的葛藤を鮮明に描いた、チューダーの「心理的バレエ」の名作。時代は、エドワード王朝の1900年代。主人公のカロラインは、気の進まぬ結婚を前に、月夜のリラの園でお別れのパーティーを開く。『詩曲』の叙情的旋律と共に哀愁が漂うバレエ。

音楽：エルネスト・ショーソン『詩曲』
台本・振付：アントニー・チューダー
美術・衣裳：ヒュー・スチーヴンソン
初演：1936年1月26日ロンドン、マーキュリー劇場（ランベール・バレエ団）

カロライン役のイザベル・ゲラン（左）と、その恋人、ニコラ・ル・リッシュ（パリ・オペラ座バレエ団）。

解説

英国出身で、20世紀を代表する名振付家の一人であるチューダーは、『リラの園』（１９３６）をはじめ『暗い悲歌』（１９３７）、『火の柱』（１９４２）、『底流』（１９４５）など、個人の内面的世界に光を当てた名作により、近代バレエに新たなビジョンをもたらした。

『リラの園』は、チューダーが英国のランベール・バレエ団時代に、26歳の若さで発表したもので、この作品と『暗い悲歌』で、振付家としての名声を確立した。

登場人物は、カロライン、その恋人、カロラインの婚約者、その過去の女性の4人に、カロラインの友人と来客たち。あらすじは次の通り。

リラの花が咲き誇る庭園に、カロラインと婚約者が佇んでいる。自分の恋人が姿を見せると、カロラインは動揺を隠せない。客人の中には、婚約者の過去の恋人もいて、彼の気を引き戻そうとする。各々の心理が交錯。カロラインは、愛する人からリラの花を一房手渡され、秘めた思いを胸に、別れを告げる。

みどころ

『詩曲』の音楽が、このバレエのために作曲されたのではないかと思うほど、各場面の心理描写と絶妙に呼応し合うのが見事である。マイムをほとんど用いず、特にテクニックを披露するでもなく、主に登場人物たちの視線の動きによって、人間関係を暗示する独自の手法に、チューダーの卓越した才能が窺える。

主役のカロラインが恋人に寄せる切実な思いや、過去と決別する強さをいかに表現するかが見どころである。

20世紀コリオグラファー列伝《リファール》

オペラ座バレエの美を結晶させたリファールの名作

白の組曲

バレエ・リュスのスターとして活躍し、戦前から戦後にかけてパリ・オペラ座を統率した偉大な指導者リファールの最高傑作の一つ。白い衣裳で踊られる筋のない抽象バレエ。ラロの東洋風の音楽に乗せて、オペラ座ならではの洗練された舞踊スタイルが味わえる。

音楽	エドゥアール・ラロ『ナムーナ』より
振付	セルジュ・リファール
装置	アンドレ・ディニモン
初演	1943年7月23日パリ・オペラ座
構成	全1幕

《テーム・ヴァリエ》のパ・ド・トロワを踊るローラ・エッケ、オドリック・ベザール、アクセル・イボ（パリ・オペラ座バレエ団）。

解説

パリ・オペラ座の比類なきエレガンスを最大限に引き出したオペラ座十八番の傑作。原曲は、1882年に、オペラ座で初演されたラロ作曲、リュシアン・プティパ振付による2幕3場のバレエ『ナムーナ』。リファールは、この作品から抜粋した音楽を用い、洗練されたバレエ組曲に構成した。

初演は、当時を代表するエトワールたちによって踊られ、イヴェット・ショヴィレ（フルート、テーム・ヴァリエ）、リセット・ダルソンヴァル（セレナーデ、パ・ド・サンク）、ソランジュ・シュワルツ（シガレット）、セルジュ・リファール（マズルカ）という配役だった。

現在でも、エトワールたちが妙技を競い合うのが見ものである。

華麗な管弦楽による前奏曲で幕が開くと、エトワール・ダンサーを中央に、白い衣裳の舞踊手たちが勢揃い。名画から抜け出たように静かに退場し、《ラ・シエスト》の3人の女性ソリストの踊りが続く。踊りの構成は次の通り。

1. ラ・シエスト
2. テーム・ヴァリエ
3. セレナード
4. パ・ド・サンク
5. シガレット
6. マズルカ
7. アダージュ
8. フルート
9. フェット・フォレンヌ

《フルート》を踊るメラニー・ユレルとマチュー・ガニオ（パリ・オペラ座バレエ団）。コール・ド・バレエは東京バレエ団。

みどころ

全体的に、抽象的なネオ・クラシックのスタイルで作られているが、各パートのタイトルに関連して、原作の東洋的な雰囲気がところどころに感じられる。

足の平行のポジションや、中心をずらしたアラベスク、屈曲させた腕のポジションなどに、リファール独特のスタイルを味わうことができる。

ソロからパ・ド・ドゥ、パ・ド・トロワ、アンサンブルに至るまで、優雅なポーズや華やかな技巧をたっぷりと楽しませてくれる。中でも、女性エトワールによる《シガレット》は、技巧的に難度の高いソロとして知られ、オペラ座のコール・ド・バレエの進級試験の課題曲に選ばれることもある。

男性ソロの《マズルカ》は、民族色を帯びた、勇壮なステップが心地よい。最後に再び全員が舞台に勢揃いしたクライマックスは、オペラ座の偉容を誇示して壮観である。

原曲の『ナムーナ』にまつわるエピソード

『白の組曲』の原曲である、ラロ作曲のバレエ『ナムーナ』は、『シルヴィア』の名演で知られるリタ・サンガッリの主演により初演された。17世紀のコルフ島を舞台に、海賊アドリアニの奴隷ナムーナが、アドリアニとオッタヴィオ伯爵との間の賭けにより自由の身となる、『海賊』に似た物語。初演後、20世紀に入って2回改訂上演が行われているが、パリ・オペラ座のレパートリーに長く残らなかった。パリ・オペラ座以外では、ピーター・ライトやジャック・カーターによる新版が知られる。リファールは、1935年に、レオ・スターツがディヴェルティスマン用に編曲した音楽をもとに、『白の組曲』を振り付けている。

洒脱なバレエ世界を構築
ローラン・プティ
（1924–2011）

Roland Petit

『コッペリア』の人形とローラン・プティ。
©amanaimages

ローラン・プティは、モーリス・ベジャールと並んで、20世紀フランスを代表する世界的振付家。25年間にわたり、マルセイユ・バレエ団を率いて、数々の名作を生む。粋で洒脱、フランス的エスプリに富んだバレエは、多くのファンの心をとらえた。

１９２４年パリ郊外ヴィルモンブルに生まれ、バレエ学校から生粋のパリ・オペラ座育ち。１９４４年パリ解放後、オペラ座を飛び出し、翌１９４５年シャンゼリゼ・バレエ団を結成。『旅芸人』、『ル・ランデヴー』、『若者と死』は、初期の傑作として知られる。１９４８年、パリ・バレエ団を結成。１９４９年、ロンドンで『カルメン』を初演し、センセーションを巻き起こす。この時、カルメンを演じたジジ・ジャンメールは、公私ともにプティのミューズとなる。しばらくハリウッドで映画の制作に携わった後、１９７２年、マルセイユ・バレエ団の芸術監督に就任する。

プティのバレエには、物語性やドラマのあるものが数多い。フランスの文芸作品や音楽を題材にしたものから、古典の読み直し、レビューに至るまで、実に多彩で、登場人物の心象を掘り下げた内容は奥深い。

プティの創作の原点と言われる『若者と死』（１９４６）には、「ファム・ファタール（宿命の女）」の犠牲になる若者の破滅の美学が見られ、それは後の作品『カルメン』や『アルルの女』などに通じる。

パリ・オペラ座のために振り付けた『ノートルダム・ド・パリ』は、日陰の存在であるカジモドに光が当てられた壮大なスペクタクルとなった。一方『コッペリア』では、プティ自らコッペリウスに扮し、人生の悲哀を描いた。『プルースト～失われた時を求めて』は、フランス文学とフランス音楽へ捧げられたオマージュで、『こうもり』は、心地よいワルツに乗せた喜劇バレエ。愛妻ジジに捧げた『ジジ・ジュテーム』は、巧みなレビュー仕立ての逸品……。代表作は枚挙にいとまがない。

バレエで、パリの光と影を描き出したプティは、まさに「舞台の魔術師」と称えられるにふさわしい。

オペレッタで有名な『こうもり』もプティの手にかかると大人の味わいのバレエに。ベラ（アレッサンドラ・フェリ）と新国立劇場バレエ団。

プティ版『コッペリア』も新国立劇場バレエ団のレパートリーとして上演されている。スワニルダ役はタマラ・ロホ。

洒脱なバレエ世界を構築《ローラン・プティ》

若者の孤独と絶望をテーマに戦後フランスが生んだ伝説の名作

若者と死

プティの活動初期の傑作。コクトーのアイディアとバビレの名演により、20世紀の伝説を生んだ。パリの屋根裏部屋に暮らす若い画家と美女の葛藤を描き、愛と死という永遠のテーマを扱ったこのバレエは、いつの時代にも深い共感を与え、上演の都度、新鮮な感動を呼び起こす。

台本	ジャン・コクトー
音楽	J・S・バッハ『パッサカリアとフーガ　ハ短調』
振付	ローラン・プティ
装置	ジョルジュ・ワケヴィッチ
初演	1946年6月25日パリ、シャンゼリゼ劇場（シャンゼリゼ・バレエ団）
構成	全1幕

解説

『若者と死』は、ニジンスキーの名を高めた『薔薇の精』の現代版を作ろうという発想から誕生した。バレエ・リュスと関わりの深かったジャン・コクトーの思いつきで、当時、〝ニジンスキーの再来〟と言われたカリスマ的スター、ジャン・バビレのために作られた。同じパ・ド・ドゥとはいえ、『薔薇の精』は、ニジンスキーとカルサーヴィナのロマンティックで幻想的なパ・ド・ドゥ。一方、『若者と死』は、若者の孤独と絶望をテーマにした現実的なバレエである。『薔薇の精』では、ニジンスキーの並外れた跳躍が観客を驚嘆させたが、『若者と死』においてもバビレの驚異的な瞬発力や回転の妙技が見事に引き出されている。初演で若い娘を演じたのは、後にバビレ夫人となるナタリー・フィリッパール。

リハーサルは、ジャズの『フランキーとジョニー』の音楽で開始されたが、バビレ自身の言によれば、「ドラマティックなバレエなのに、この音楽では踊れない」と変更を求めたという。ぎりぎりになって、音楽はバッハの『パッサカリア』に差し替えられた。音楽が変わっても振付はそのまま。バッハの旋律が、あたかもこの作品のために作曲されたかのようにドラマティックに響いてくる。

あらすじは次の通り。

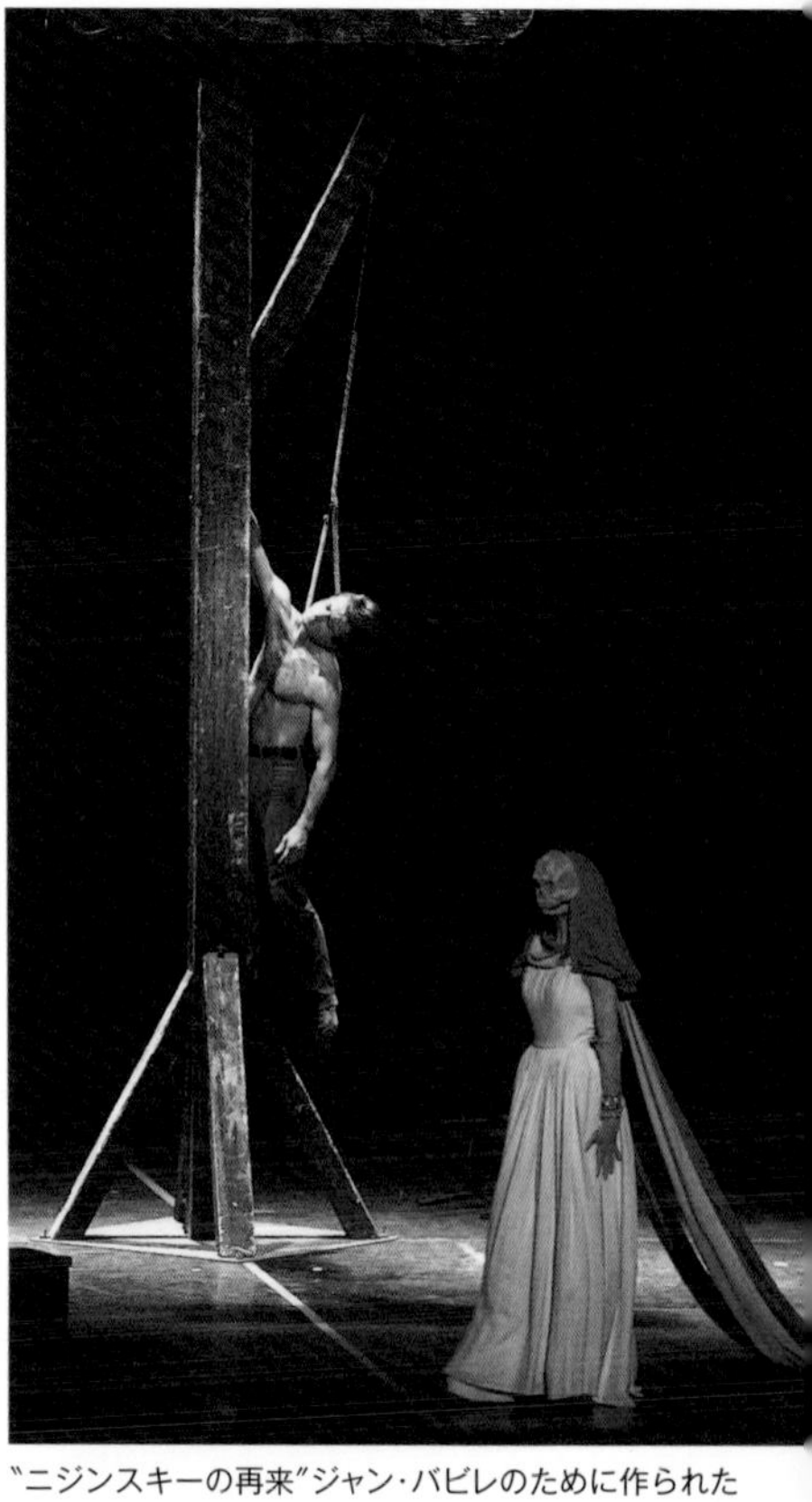

〝ニジンスキーの再来〟ジャン・バビレのために作られたこのバレエ作品は、プティ版『薔薇の精』とも言われている。

わびしいアトリエで。画家の若者が恋人を待っている。ベッドに横たわって、タバコを吸い、時計に目をやる。突然ドアが開き、アトリエに若い娘が入ってくる。若者が近づくと、娘は荒々しくはねつけ、ついには出て行ってしまう。

孤独な若者は、絶望して、部屋の梁に縄をかけ、首を吊る。すると、部屋の壁が飛び、目の前にパリの夜景が広がる。舞踏会のドレスをまとった死神が現れ、仮面をとると、それは若者の恋人であった。死神は、若者に仮面をかぶせ、二人は屋根づたいに歩いていく。

みどころ

今から半世紀以上も昔に創られた作品にもかかわらず、未だに作品の力強さは失われていない。この作品は、当初、振付作品というより「マイム・ドラマ」と言われていた。それほどドラマティックな要素が強い。冒頭の、恋人を待ちわびる若者の孤独な心境は、タバコをくゆらし、時計を見やる若者のちょっとした仕草にも表れ、それから先は、刻々と時を刻むように舞台が進行していく。ベッド、椅子、机といった日常的な家具を、舞台のオブジェとして用いているのも当時としては画期的であった。美女と若者のやり取りに見られる、日常的な動作を自然に取り込んだ振付も目新しいものであった。さらに、スペクタクルとしての見せ場にも事欠かず、若者のアクロバティックな飛翔や回転、美女の突き刺すようなステップなどが見どころである。

最後に、若者が首を吊る場面は悲劇的だが、背後にパリの夜景が広がると、不思議と悲壮感は消えてしまう。

バビレ以来、数々のスターが挑戦

この作品は、初演当時、主演のジャン・バビレのカリスマ的演技により、振付のプティよりも、『若者と死』＝バビレのイメージを強め、バビレの代名詞ともなった。バビレは、初演から20年の間、この役を独占し、数えきれないほど踊った。最後に踊ったのは、84年、61歳の時であった。バビレ以後、60年代は、ルドルフ・ヌレエフが登場し、70年代は、ミハイル・バリシニコフ（後に映画『ホワイト・ナイツ』の冒頭でも名演を見せている）、80年代は、パトリック・デュポン、そして90年代は、プティの秘蔵っ子ニコラ・ル・リッシュなど、錚々たる世界のスターたちがこの作品を継承している。この作品は永遠の名作と言えよう。

若者にルイジ・ボニーノ、恋人にカルロッタ・ザンパロという配役の1987年の舞台（ローラン・プティ・バレエ団）。

洒脱なバレエ世界を構築《ローラン・プティ》

情熱の国スペインが舞台　魅惑的なファム・ファタールの物語

カルメン

ビゼーのオペラの名曲『カルメン』に触発されたバレエは数多い。スペインを舞台にした、魔性の女カルメンと士官ホセの運命の恋の物語。カルメンとホセの愛のデュエットを中心に、官能的な踊りが、ドラマティックに繰り広げられる。

原作：プロスペル・メリメ
台本：ローラン・プティ
音楽：ジョルジュ・ビゼー（G. トミー・デセール編曲）
振付：ローラン・プティ
初演：1949年2月21日ロンドン、プリンス・シアター（パリ・バレエ団）
構成：全1幕
その他の代表的な版：
1967年　アルベルト・アロンソ版（ボリショイ・バレエ団）
1971年　ジョン・クランコ版（シュツットガルト・バレエ団）
1983年　アントニオ・ガデス版（アントニオ・ガデス舞踊団）
1992年　マッツ・エック版（クルベリ・バレエ団）
2000年　マシュー・ボーン版（アドベンチャーズ・イン・モーション・ピクチャーズ）

脚線美を強調するプティ流の大胆な振付。

解説

パリ・オペラ座を飛び出したプティは、戦後、シャンゼリゼ・バレエ団やパリ・バレエ団で次々に新作を発表し、名声を確立した。そのプティが、今度は、ロンドンで発表したのが『カルメン』。とりわけ、ジジ・ジャンメールとプティが踊った寝室の場でのパ・ド・ドゥは、その非常に大胆で官能的な表現で、センセーションを巻き起こした。

ジジのカルメンのイメージは強烈で、その後、ジジのトレードマークとなった。

あらすじ

*プティ版の全1幕による

第1景：タバコ工場。工場で働く女性たちが仕事の手を休めて、広場に出てくる。突然の叫び声。カルメンが他の女子工員と激しく言い争いながら飛び出してくる。ホセが仲裁に入るが、美しいカルメンの魅力に惹かれていく。カルメンをとらえたものの、隙を狙われ、まんまと逃げられてしまう。

第2景：居酒屋「リーリャス・パスティア」。カルメンの後を追って、ホセは居酒屋にやってくる。妖艶に踊るカルメン。ホセはカルメンに夢中になる。

第3景：寝室。夜が明け、カルメンとホセは再び愛を確かめ合う。そこへ、盗賊の一団が仲間のカルメンを探しにやってくる。ホセは誘われるままに、彼らに

カルメン（アレッサンドラ・フェリ）とホセ（ロベルト・ボッレ）。

カルメンを演じた名花たち

プティ版では、プティのミューズ、ジジ・ジャンメールの魅惑的なカルメンが伝説的。プティ版が、フランス的でコケティッシュとすれば、アロンソ版は、運命に立ち向かう情熱のドラマ。闘牛場の壁に囲まれた舞台で、カルメン、ホセ、エスカミリオ、上官ツニガ、運命の女＝闘牛など登場人物を絞った簡潔な現代版。初演のマイヤ・プリセツカヤやアリシア・アロンソの名演が名高い。近年では、名花スヴェトラーナ・ザハーロワが挑戦し新境地を拓いた。

ホセの回想としたエック版では、エック夫人のアナ・ラグーナ演じるカルメンが独創的だが、近年では、シルヴィ・ギエムも同役で、大スターの貫禄を示した。

付き従う。

第4景：納屋。カルメンと盗賊の一団が、旅人を待ち伏せしている。盗みをけしかけられたホセは戸惑う。カルメンは、自分を愛している証拠を見せてほしいと、ホセを促す。言われるままにホセは通行人を襲い金を奪うが、殺人を犯した罪にさいなまれる。カルメンたちはホセを置いて、その場を逃げ去る。

第5景：闘牛。大勢の群衆が、闘牛士を見ようと闘牛場の前に詰めかけている。人気者の闘牛士エスカミリオが登場。その男ぶりにカルメンも惹かれる。皆が闘牛場の中に入ってしまうと、空っぽになった広場に、ホセが姿を現す。ホセの激しい求愛をかたくなに拒むカルメン。嫉妬にかられたホセは彼女を短剣で刺し殺す。カルメンは、ホセに抱きしめられながら、息絶える。

みどころ

見事な脚線美を誇るジジ・ジャンメールのために振り付けられただけあって、そうした魅力を最大限に活かした振付が見もの。丈の短い大胆な衣裳で、美しい脚の動きが強調されている。とりわけ、居酒屋でのカルメンのソロや、カルメンとホセの寝室での愛のパ・ド・ドゥなどが踊りのハイライト。寝室のパ・ド・ドゥは、オペラ『カルメン』の「第3幕への間奏曲」で踊られ、アクロバティックなリフトや官能的なポーズが独創的。「ハバネラ」によるホセのソロも見もの。最後に闘牛場の前で、打楽器のオリジナル音楽により踊られるカルメンとホセの対決の場面は息を呑む迫力。バックの群舞は、レビュー風の軽快な踊りで楽しませる。

ビゼーの名曲に乗せて描く、愛と狂気の世界

アルルの女

フランス的な題材を扱って右に出る者はないとされた、名振付家ローラン・プティ。
その最盛期に生まれた傑作の一つ。結婚を控えて、幸せなはずのカップル
フレデリとヴィヴェットと二人を祝福する村人たち。しかし物語は思わぬ方向へ。

原作	アルフォンス・ドーデ『風車小屋便り』より
音楽	ジョルジュ・ビゼー『アルルの女　組曲第1番、第2番』
振付	ローラン・プティ
美術	ルネ・アリオ
初演	1974年1月23日　マルセイユ・バレエ団
構成	全1幕

解説

初演は、ルディ・ブリアンとロイパ・アラウホによって演じられた。原作はフランスの小説家アルフォンス・ドーデの短編集『風車小屋便り』(1866)に収められている『アルルの女』。

音楽は、同名の戯曲にビゼーが作曲した付随音楽から選曲された、管弦楽のための第1組曲(1872)とビゼーの死後編まれた第2組曲である。今日ではパ・ド・ドゥのみ独立して上演されることが多い。

アリオの美術は、ゴッホの『刈り入れをする人のいる麦畑』から着想している。

日本では、東京バレエ団、牧阿佐美バレヱ団、Kバレエカンパニーのレパートリーになっている。

あらすじは次の通り。

舞台は南仏のアルルに近い村。幼なじみのフレデリとヴィヴェットの結婚の日が近づいている。しかしフレデリは、アルルの闘牛場で会った美しい女性への恋に身をこがし、ヴィヴェットの愛情を受け入れることができなくなってしまう。結婚式の夜、村人たちが踊りに興じる中、フレデリは狂ったように窓から身を投げる。

パリ・オペラ座の元エトワール、マニュエル・ルグリとイザベル・ゲランの名コンビが2018年、再び組んで踊った『アルルの女』。

一方的な恋で心を病んだフレデリ（ルグリ）は婚約者ヴィヴェット（ゲラン）を受け入れられなくなり、苦悩する。

みどころ

二人の主人公が踊る４つのパ・ド・ドゥ（前奏曲、アダージェット、間奏曲、メヌエット）と二人を取り巻く村人のコール・ド・バレエで構成される。繊細なフィーリングと優れた造形美など随所に振付家プティの才気が光る。

ビゼーの牧歌的な旋律と見事に調和し、悲劇の結末へと向かうドラマティックな展開が見事。ヴィヴェットの細やかなポワント・ワークにはフレデリへの真摯な愛情を汲み取ることができる。優しいメヌエットの旋律に乗せた愛のデュエットに続いて、フレデリが破滅へと突き進むファランドールのソロは劇的で、見る者を圧倒する激しさ。このバレエのクライマックスを形作るにふさわしい。

洒脱なバレエ世界を構築《ローラン・プティ》

優雅なワルツに酔わせるプティの最盛期の名作

こうもり

こうもりの羽をつけて夜な夜な遊びに出かける夫は、クラブで出会った美女が自分の妻だと気づかず夢中に。シュトラウスの華麗なオペレッタが、「舞台のマジシャン」プティの手で、軽妙洒脱なバレエに生まれ変わった。

音楽	ヨハン・シュトラウスII世（ダグラス・ギャムリー編曲）
振付	ローラン・プティ
装置	ジュリオ・コルテラッチ
衣裳	フランカ・スクアルチャピーノ
初演	1979年4月27日モンテカルロ歌劇場（ローラン・プティ・バレエ団）
構成	全2幕

あらすじ

第1幕：良妻賢母のベラは、子供たちに囲まれ、幸せな毎日を過ごしている。一家の主ヨハンが帰宅するが、ベラの差し出すスリッパを拒否。夫の心、家庭にあらず？……そこへ夫婦の親友ウルリックが訪ねてくる。彼はベラに同情し、ハサミをプレゼントする。

　その夜、ベラが寝た振りをすると、夫は起き上がり、こうもりに変身。空へ飛び立ってしまう。言葉を失ったベラは、ウルリックに助けを求める。すぐに駆けつけた友人は、ベラを慰め、着飾って街に出かけようと誘う。

　舞台は打って変わって、ナイトクラブ。紳士淑女に交じって、カンカンガールも姿を見せる。ヨハンが浮き浮きとやってくる。そこへ見知らぬ美女が登場、お色気たっぷりに踊り、たちまち紳士たちの人気者に。ヨハンは、まさか自分の妻とは気がつかず、美女の魅力に惹かれ、ベラの乗った馬車を追いかける。

第2幕：華やかな仮装舞踏会。さまざまな余興が繰り広げられる。ベラの魅力に皆がうっとり。ヨハンは、ベラに言い寄るが、皆を怒らせる。こうもりになって逃げようとするところを警官に連行されてしまう。広間ではワルツが最高潮に達する。

　一方、逮捕されたヨハンは、

監獄の中。ウルリックが看守に変装して忍び込んでくる。ヨハンの歌声が響く。ベラが警察署長と一緒にやってきて、ヨハンを釈放してもらう。ベラはヨハンと愛を確かめ合い、ハサミで、ヨハンの羽を切り取る。

再び我が家。ウルリックが様子を見にやってくる。ご満悦のベラに続いて、ヨハンが帰宅するが、こちらは浮かない顔。ベラは夫を慰める。スリッパを履いたヨハンは、平穏な家庭生活に戻ることを約束する。

フィナーレは、華麗なワルツ。ベラとヨハンも正装して踊りの輪に加わる。これは果たして夢なのか現実なのか。

みどころ

ウィンナ・ワルツにフレンチ・カンカン。もともとの舞台はウィーンのようだが、世紀末のパリの雰囲気も感じさせる。シュトラウスのワルツやポルカの名曲に乗せたスピーディーかつ軽快な振付が実に楽しい。物語もわかりやすく、プティのエンターテイナーとしての才気が存分に発揮されている。

ヨハンとベラのそれぞれのソロも魅力だが、監獄で踊られる官能的なデュエットは、このバレエのクライマックスとも言えよう。狂言回しのウルリックは、軽妙な演技が見もの。ヨハンがこうもりに変身して空に羽ばたくシーンは神秘的で、仮装舞踏会はデカダンスの香りが漂う。こうしたムードも作品の見どころとなっている。

下左／監獄で踊られるヨハンとベラの官能的なデュエット。
下右2点／夜な夜な、遊びに外出する夫ヨハンを懲らしめようと、妻のベラは変身してナイトクラブに現れる。ベラの乗る馬車を追う、こうもり姿のヨハン。
右ページ／仮装舞踏会のチャルダッシュのシーン（ウィーン国立バレエ団）。

壮大なエネルギーと詩の調和
モーリス・ベジャール
（1927−2007）

Maurice Béjart

ベジャール（1987年）
©Jean-guy Python-with kind authorization of Maurice Béjart Foundation

ローラン・プティがフランス的ならば、モーリス・ベジャールは、世界を縦横に旅したコスモポリタンと言えよう。ベジャールは、「20世紀はバレエの時代」と高らかに宣言し、20世紀バレエ団（後にモーリス・ベジャール・バレエ団となる）と共に、舞踊を音楽や演劇と結びついた総合芸術として高めた改革者であった。

１９２７年マルセイユに生まれる。父親のガストン・ベルジェは、高名な哲学者で、ベジャールに少なからぬ影響を与える。ベジャールは、マルセイユ・オペラ・バレエ団を経て、パリでバレエの研鑽《けんさん》を積む。１９５４年に、エトワール・バレエ団を結成し、１９５５年にミュージック・コンクレートを用いた『孤独な男のためのシンフォニー』を発表。ここに振付家ベジャールが誕生する。当時は、その革新性があまり理解されなかったが、それから10年も経たないうちに、ベジャールのバレエは、体育館などの巨大な空間を舞台にした壮大なスペクタクルへと発展し、大観衆を巻き込んでいく。

１９５９年には、ブリュッセルのモネ劇場の支配人、ユイスマンから『春の祭典』の振付を依頼される。この公演の成功により、翌１９６０年、20世紀バレエ団が発足。61年の『ボレロ』で名声を確立し、以後、4半世紀にわたってブリュッセルを拠点に活動が繰り広げられる。『春の祭典』と『ボレロ』では、身体のエロスを引き出した点が画期的であった。ベジャールは、80年に、自分の過去の作品をまとめた『エロス・タナトス』を発表しているが、この愛（生）と死のテーマは、ベジャールの永遠のテーマとして、主要な作品に現れる。

代表作は、『第９交響曲』（１９６４）、『ロミオとジュリエット』（１９６６）、『現代のためのミサ』（１９６７）、『バクチ』（１９６８）、『火の鳥』（１９７０）、『我々のファウスト』（１９７６）、『ディオニソス』（１９８４）など数限りない。

１９８７年、ローザンヌに本拠を移してからも、『中国の不思議な役人』など精力的に新作を作り続けた。『80分間世界一周』が遺作となり、没後まもない２００７年12月に初演され、２０１０年の日本公演でも上演された。

『第九交響曲』ズービン・メータ指揮イスラエル・フィル、栗友会合唱団との共演で東京バレエ団とモーリス・ベジャール・バレエ団が1つの舞台に立った（2014年）。

『バレエ・フォー・ライフ』より。ベジャールの遺志を継いで踊るモーリス・ベジャール・バレエ団のダンサーたち。

壮大なエネルギーと詩の調和《モーリス・ベジャール》

東洋的な哀愁と官能　ベジャールの最高傑作

ボレロ

ジョルジュ・ドンらの伝説的名演と共に、ベジャール版は20世紀の最高傑作。ラヴェルの東洋的なメロディが何度も反復される中、赤い円卓の上で、ソリストが踊り続け、最後に燃え尽きる。観客をも恍惚状態に巻き込む深遠な魅力を秘めた作品。

音楽：モーリス・ラヴェル
振付：ブロニスラワ・ニジンスカ
初演：1928年11月22日パリ・オペラ座（イダ・ルビンシテイン・バレエ団）
構成：全1幕
その他の代表的な版：
1961年　モーリス・ベジャール版（20世紀バレエ団）

「メロディ」を踊る、ジュリアン・ファブロー。

解説

『ボレロ』は、バレエ・リュスの『シェエラザード』などで人気を博した美貌の舞姫イダ・ルビンシテインの依頼で、ラヴェルが作曲したもので、ニジンスキーの妹のニジンスカの振付で初演された。それは、スペインの居酒屋が舞台で、ジプシー娘が中央のテーブルの上で踊り、その妖艶な魅力で周囲の男たちを惹きつけ、クライマックスへ向かうという構成であった。

このアイディアは、ベジャール版にも踏襲されているが、ここには、スペイン色はなく、現代的でシンプルな振付をたたみかけていくことによって、恍惚状態を作り上げている。

作品のアイディアは、ユーゴスラヴィア出身のデュスカ・シフニオスが、海から上がってきた時のヴィーナスのイメージに由来するという。このシフニオスが、初演で中央の「メロディ」役を踊り、『ボレロ』は、創立まもない20世紀バレエ団の門出を祝う記念碑的作品となった。

ティンパニの響きがひたひたと押し寄せ、それがクラリネットのメロディに引き継がれていく。スポットに照らし出された片方の手だけが、舞台に浮かび上がる。続いて、スポットは、顔や胸へと移り、真紅の円卓の上で「メロディ」を踊るダンサーの全身が浮き上がってくる。

上体を上下に動かしたり、シンメトリーな動きが反復され、音楽が昂揚するにつれ、「メロディ」の動きは、熱を帯び、興奮を高めていく。

周囲で「メロディ」の動きを見つめていた「リズム」のダンサーたちも、一人、二人と立ち上がり、踊りの輪に加わる。最後は全員による踊りの炎が「メロディ」を呑み込んでしまう。

『ボレロ』は、欲望の物語である、

赤い円卓上の「メロディ」を取り囲む男性舞踊「リズム」(東京バレエ団)。最後は踊りの炎が「メロディ」を呑み込む。

とベジャールは語っている。

みどころ

この作品の見どころは、何と言っても、中央で踊る「メロディ」のソロで、観客の視線は、ここに集約される。最初の手の動きから神秘的ムードが漂い、祭礼を司るシャーマンを思わせる存在感に目を奪われる。無駄をそぎ落とした一つ一つの手足の動きが、官能的で美しい。非常に濃密な15分間である。

途中から、「リズム」のダンサーたちが、テーブルの周りを囲み、ラストへ向かって、エネルギーを燃焼させていく過程が見もの。全員が「メロディ」と共に燃え上がったかと思うと、「メロディ」を呑み込んで、燃え尽きてしまうラスト・シーンが圧巻だ。

見る側も、その興奮の渦に巻き込まれ、恍惚とさせられる。見終わって、さらに再び見たくなる。そんな気持ちにさせられる魅惑的な作品である。

踊り手によって変容してきた解釈

『ボレロ』は、初演以来、振付は変わっていないが、踊り手によってまったく違う作品に見えるところが大きな魅力である。「メロディ」と「リズム」にも、女性×男性、男性×女性、男性×男性の3つの版がある。

初演では、シフニオスの周りを男性舞踊手が囲み、1979年に不世出のスター、ジョルジュ・ドンが登場した時から、男女の構成が逆転し、女性群舞が生まれた。それからまもなく、ドンと男性群舞による男性版『ボレロ』が誕生した。これまでスザンヌ・ファレル、マイヤ・プリセツカヤ、パトリック・デュポンといった世界的スターたちがこの作品を踊ってきたが、近年では、シルヴィ・ギエムが、独自の境地を築いている。

壮大なエネルギーと詩の調和《モーリス・ベジャール》

巨匠ベジャールが描いた歌舞伎の『忠臣蔵』

ザ・カブキ

**歌舞伎をバレエに。この大胆なアイディアを実現したのは巨匠ベジャール。
歌舞伎の長編『仮名手本忠臣蔵』を、黛敏郎の音楽により、2時間のバレエに作り上げた。
日本の題材により、東京バレエ団のために創作されたオリジナル・バレエの代表作。**

音楽	黛敏郎
振付	モーリス・ベジャール
美術	ヌーノ・コルテ=レアル
初演	1986年4月16日東京バレエ団
構成	全2幕

親日家ベジャールが『忠臣蔵』の世界をバレエ作品にした。東京バレエ団の海外公演では、人気の作品となっている。

解説

『ザ・カブキ』が初演された年は、空前の『忠臣蔵』ブームが巻き起こった年でもあった。親日家のベジャールは、物語をできるだけ単純化し、歌舞伎の様式美を保ちつつ、現代バレエで東西の文化を融合させることに成功した。

プロローグで、現代の東京に生きる青年が、『忠臣蔵』の世界に入っていくという設定で、全2幕9場にわたって、四十七士の主君の仇討ちの物語が展開されていく。構成は次の通り。

第1幕プロローグ：現代の東京／第1場：兜改め／第2場：おかる、勘平／第3場：殿中松の間／第4場：判官切腹／第5場：城明け渡し／第6場：山崎街道

第2幕第7場：一力茶屋／第8場：雪の別れ／第9場：討ち入り

殿中松の間、おかる・勘平、討ち入りなど、
歌舞伎で上演されてきた仇討ちの物語。

緊張感漂う、由良之助(柄本弾)と
顔世御前(二階堂由依)の雪の別れ。

みどころ

若者のリーダーである現代の青年が、現代社会からタイムスリップして、『忠臣蔵』の世界に入っていくという導入から、物語は単純明快に運び、スペクタクル性に富んだ演出はベジャールならでは。歌舞伎の所作をはじめ黒子や引き幕といった伝統芸能の要素が巧みに取り入れられているのも見もの。

バレエの山場は、四十七士の討ち入りから切腹の場面。雪の降りしきる中、志士たちがずらりと勢揃いする場面は圧巻で、最後の切腹の場面では、『涅槃交響曲』(1958)が厳かに響き、壮絶な最期を印象づける。

松の間の刃傷の場面では、判官と師直の敵対関係を明確に打ち出した振付が見どころである。

主役の由良之助にはいくつかソロがあるが、第1幕の最後の討ち入りの決意を固める長大なソロに迫力がある。顔世御前など女性舞踊手の踊りが、作品に花を添えている。

由良之助も7代目

『ザ・カブキ』は、初演以来、内外で200回以上も上演され、東京バレエ団の代表演目の一つとなっている。由良之助の役は、初演時のエリック・ヴ=アンと夏山周久から数えて、高岸直樹、後藤晴雄、柄本弾、森川茉央、秋元康臣と世代交替し、既に7代目。2011年暮れの公演では、プロローグの現代の東京のシーンを一新。小道具のテレビは液晶となり、東京スカイツリーが映し出されるなど、演出面においても進化している。

壮大なエネルギーと詩の調和《モーリス・ベジャール》

ロックとバレエが融合、クイーンの数々の名曲が蘇る

バレエ・フォー・ライフ

ベジャールが70歳を迎えた年に世界初演。夭折した天才スター、ジョルジュ・ドンとロックスターのフレディ・マーキュリーへのオマージュとして創作された。音楽はクイーンとモーツァルト。一気に踊られる110分間のテーマは「愛と死」。

音楽：モーツァルト、クイーン
振付：モーリス・ベジャール
衣裳：ジャンニ・ヴェルサーチ
初演：1997年1月17日パリ、シャイヨ劇場（モーリス・ベジャール・バレエ団）
構成：全1部

ジュリアン・ファブロー。ヴェルサーチのデザインした白と黒の衣裳がインパクトある美を創る。

解説

『バレエ・フォー・ライフ』の原題は、『司祭館はいまだその魅力を失わず、庭の輝きも以前のまま』。この長いタイトルは、ガストン・ルルーの小説『黄色い部屋の謎』の中に出てくる暗号だそうである。ベジャールによれば、バレエの内容とは直接関係ないが、詩的なタイトルに惹かれて引用したという。

この作品は、ジョルジュ・ドン、フレディ・マーキュリー、モーツァルトなど、若くして亡くなった天才アーティストたちに捧げられている。フレディが「生」としたら、モーツァルトは「死」を表現。とはいえ、作品に暗さはなく、逆に生命の尊さを訴えかけてくるのが、ベジャール作品の持つマジックだろう。

使用曲は、クイーンが、『イッツ・ア・ビューティフル・デイ』『ブライトン・ロック』『レディオ・ガ・ガ』『ボヘミアン・ラプソディ』『ショウ・マスト・ゴー・オン』など。一方モーツァルトは、『コシ・ファン・トゥッテ』『エジプトの王タモス』『ピアノ協奏曲第21番』『協奏交響曲ホ長調』など。ロックとクラシックの組み合わせが秀逸である。ヴェルサーチがデザインした白と黒の衣裳がファッショナブルでダンスの美しさを引き立てている。

みどころ

クイーンが17曲とモーツァルトが4曲という構成。ソロから群舞に至るまで、シンプルな振付が、音楽と一体となって変幻自在の魅力を発揮。冒頭の『イッツ・ア・ビューティフル・デイ』で、真っ白のシーツを被ったダンサーたちが起き上がるシーンにまず強烈なインパクト。

ジョルジュ・ドンとフレディー・マーキュリー。夭折したスターに捧げたバレエ作品。110分、通しで踊られるエネルギッシュな舞台。1997年制作だが、その魅力が色褪せることはない。

フレディと思しきスターも姿を現す。球体のオブジェが花を添える『シーサイド・ランデヴー』、乗りがよく客席から手拍子も起こる『レディオ・ガ・ガ』、英国旗が翻る陽気な『ミリオネア・ワルツ』等々が観客を巻き込んで、フレディを賛美。一方、モーツァルトのパートでは、病気（エイズ）のイメージが色濃く、対照をなす。終盤には、ベジャール作品でスターとなった不出生のダンサー、ジョルジュ・ドンの映像も映し出される。

カンパニー全員が再び集う『ショー・マスト・ゴー・オン』まで、一気に見せて深い感動の余韻を残す。

デザイナー、ヴェルサーチとの共作

ヴェルサーチはベジャールが数多くコラボレーションしてきたデザイナーの一人である。その作品リストを見ただけで、バレエで世界を旅したようなベジャールの作風が一目瞭然。両者の協力は『ディオニソス』（1984）に始まった。哲学者ニーチェとギリシャ神話の神ディオニソス、作曲家ワーグナーの出会いを演出したバレエである。次いで、マルロー没後10年を記念して創作された『マルロー、あるいは神々の変貌』（1986）、『ピラミッド』（1990）、シルヴィ・ギエムのために作られた『シシィ』（1993）、『バロッコ・ベルカント』（1997）、『突然変異X』（1998）、『少年王』（2000）、『愛、それはダンス』（2005）など10数作品にも及ぶ。ヴェルサーチのモダンな感覚は、ベジャールの振付を一層輝かせたのである。

振付家の時代：現代の旗手たち　1　ヨーロッパ編

クランコから脈々と続く「奇跡」の系譜

ジョン・クランコ
(1927—1973)

鬼才ジョン・クランコの三大傑作『ロミオとジュリエット』『オネーギン』『じゃじゃ馬馴らし』の画期的な成功により、それまで無名に近かったシュツットガルト・バレエ団は一躍世界的な評価を得る。これが世に言う「シュツットガルトの奇跡」である。クランコは45歳の若さで事故のため亡くなったが、彼の精神を引き継いだ気鋭の振付家たちによって「奇跡」の系譜は、今もなお続いているのである。

その直系は、まずハンブルク・バレエ団を率いるジョン・ノイマイヤー（１９３９—）で、『椿姫』や『人魚姫』『ニジンスキー』『マタイ受難曲』など演劇的バレエからシンフォニック・バレエに至るまで、スケールの大きな作品を次々に創作。ベジャールの後継者としてバレエ界をリードしている。次いでイリ・キリアン（１９４７—）はＮＤＴを拠点に、音楽的感性の鋭い洗練されたダンスを多数発表。フランクフルトを拠点にしたウィリアム・フォーサイス（１９４９—）は、身体の極限への挑戦を目指し、20世紀末のダンスの旗手となった。

例えば、フォーサイスがパリ・オペラ座の委嘱で創作した『イン・ザ・ミドル・サムホワット・エレヴェイテッド』は、世界各国のバレエ団で踊られるようになり、コンテンポラリーの古典として定着。

またクランコ門下ではないが、スウェーデン出身で常に斬新なマッツ・エック（１９４５—）の動向からも目が離せない。次世代に目を移すとノイマイヤーのもとからは、モンテカルロ・バレエ団を率いるジャン＝クリストフ・マイヨー（１９６０—）が、キリアンの元からは、スペイン国立ダンス・カンパニーなどを経て、ミハイロフスキー劇場バレエ団で活躍するナチョ・ドゥアト（１９５７—）はじめ、ＮＤＴのポール・ライトフット（１９６６—）とソル・レオン（１９６６—）、クリスタル・パイト（１９７０—）、金森穣、中村恩恵など俊英を輩出。「奇跡」は、依然続いているのである。

※注　ＮＤＴ：ネザーランド・ダンス・シアター

振付家の時代：現代の旗手たち《フォーサイス》

バレエの概念を変えた革命的名作
イン・ザ・ミドル・サムホワット・エレヴェイテッド

20世紀後半、先鋭的なスタイルの作品で、時代の寵児となったフランクフルト・バレエ団のフォーサイスの傑作。一種謎めいた長いタイトル。耳をつんざくような大音響。空間を切り裂く鋭い動き。その斬新さは、バレエの世界に新たな地平を切り開いた。

音響：トム・ウィレムス、レスリー・スタック
振付・装置：ウィリアム・フォーサイス
初演：1987年5月29日パリ・オペラ座バレエ団
構成：全1幕

アリシア・アマトリアンとロバート・テューズリー。ガラ公演でたびたび踊られている。

解説

タイトルの「中央のいくらか高いところに」が示すように、舞台の上方に、一対の黄金色のサクランボが光っている。このオブジェを女性舞踊手２人が見つめたところから、舞台は始まる。暗闇にとどろく音響。ブルーグリーンのタイツ姿の９人のダンサーたちが、代わる代わるソロやデュエットを繰り広げていく。鋭いポワントに、空間を切り裂くような鋭角的な動き。スピーディーでめまぐるしい展開が、緊迫感をあおる。調和や均衡はここでは崩されている。デュエットで、激しく引き合う男女の姿には、親愛というよりは、対立や抵抗のイメージが強く、従来のバレエにはない新しい傾向である。

この作品は後に5部構成の『インプレッシング・ザ・ツァー』（１９８８）に組み込まれた。

みどころ

めまぐるしいスピードに、オフ・バランスの危うさ。フォーサイスのダンスは、限界への挑戦を目の当たりにするようで、しばしば興奮を誘う。ほの暗い空間にダンサーたちが描くシャープな動きの軌跡が見ものだ。

とりわけ初演のシルヴィ・ギエムのパートとして名高いソロ及びラストのデュエットは、スリリングな動きの連続でまさに圧巻。

振付家の時代：現代の旗手たち　2　フランス編

パリ・オペラ座の挑戦とレパートリーの充実

ジョゼ・マルティネズ振付『天井桟敷の人々』（パリ・オペラ座バレエ団）。

フランスは、20世紀にモーリス・ベジャールとローラン・プティという二大巨匠を生んだ後、1980年代「ヌーヴェル・ダンス（新しいダンス）」と称した、文字通り従来の伝統から独立した新しいダンスを志す動きが台頭。国家政策で、全国十数カ所に国立振付センターを設置するなど行政のバックアップを得て、著しい活況を呈した。アメリカの抽象的なダンスから演劇的手法、ヒップホップまで多様なスタイルのダンスを自由に取り込んだのが特徴で、フランス各地のフェスティバルや劇場から広く発信されていった。

また「バレエの殿堂」パリ・オペラ座でも、1995年から約20年間、ブリジット・ルフェーヴル（オペラ座出身で、振付家としても一時活動）が芸術監督に就任した時代は、同時代の振付家たちを積極的に起用、コンテンポラリー路線が推進された。中でもアンジュラン・プレルジョカージュには『ル・パルク』をはじめ『シッダールタ』など4作品を委嘱。さらにオペラ座エトワールたちにも振付の機会を提供し、カデール・ベラルビの『嵐が丘』（2002）をはじめ、ニコラ・ル・リッシュの『カリギュラ』（2005）、ジョゼ・マルティネズの『天井桟敷の人々』（2008）、ジャン＝ギヨーム・バールの『泉』（2011）などが、レパートリーを豊かにした。

そのほか、ジョン・ノイマイヤー、イリ・キリアン、ウィリアム・フォーサイス、マッツ・エックといったバレエ界の巨匠たちから、アレクサンダー・エックマン、クリスタル・パイト、勅使川原三郎など、21世紀をリードする振付家たちにも積極的に新作を委嘱。常に新風を吹き込もうとする姿勢に、オペラ座の比類ないリーダーシップを見る思いがする。

多様な愛の変容を官能的に描いた創作バレエ

ル・パルク

先鋭的な振付家プレルジョカージュ（1957〜）が、バレエの殿堂パリ・オペラ座から委嘱されて創作したもので、四半世紀にわたる上演歴は、コンテンポラリーの古典と言うにふさわしい。最後の「解放のパ・ド・ドゥ」は細やかな愛情表現を描いて秀逸。

音楽：モーツァルト
サウンド・コンポジション：ゴラン・ヴォイヴォダ
振付・演出：アンジュラン・プレルジョカージュ
初演：1994年4月9日パリ・オペラ座バレエ団
構成：全3幕

解説

初演は、イザベル・ゲラン&ローラン・イレール、エリザベット・モラン&マニュエル・ルグリが交替で主演。それ以降、歴代のエトワールたちに引き継がれている。

２００８年に来日公演が行われたほか、ガラ公演などで、しばしば披露されるなど、日本のファンにもおなじみとなった。

ラファイエット夫人の小説『クレーヴの奥方』などから着想し、恋愛を拒否する女性からイメージを拡張。18世紀のフランス庭園を舞台に、椅子取りゲームから発展し、出会い、欲望、征服、抵抗…そして解放へと段階を経て、男女が結ばれる課程を官能的に描いている。

《解放のパ・ド・ドゥ》より、エレオノラ・アバニャートとバンジャマン・ペッシュ。

みどころ

構成は次の通り。

第1幕：庭師 1.異性間の視察 2.アプローチ・ゲーム 3.出会い
第2幕：庭師 1.柔らかな魅力 2.欲望 3.征服 4.抵抗 5.間奏曲
第3幕：夢／庭師 1.嘆き 2.情熱 3.失神 4.解放 エピローグ

主役カップルを中心に、整然とした群舞が随所で楽しめる。この作品が有名になったのは、『ピアノ協奏曲第23番』アダージョに乗せた《解放のパ・ド・ドゥ》による。二人がキスしたまま、女性が旋回し舞い上がっていくシーンは強烈で忘れ難い。

振付家の時代：現代の旗手たち　3　英国編

ドラマティック・バレエの後継者たち

ウィールドン振付『コリュバンテスの遊戯』（英国ロイヤル・バレエ団）。

英国ロイヤル・バレエ団は1931年の創立以来、『眠れる森の美女』など古典バレエの名作と共に自国の振付家の作品をレパートリーの軸にしながら活動してきた。今もその方針が変わることはない。

英国の振付家の系譜は、実に豊かである。シュツットガルト・バレエ団で名声を博した鬼才クランコは、元々英国ロイヤル・バレエ団傘下で振付家のキャリアを形成。フレデリック・アシュトンは『シンデレラ』（1948）や『リーズの結婚』（1960）の名作を残し、後継者のケネス・マクミランは『ロミオとジュリエット』（1965）や『マノン』（1974）などで演劇的バレエの世界を確立した。

両巨匠の後継者が、デヴィッド・ビントレーで、バーミンガム・ロイヤル・バレエ団の芸術監督（1995～2020年）を務める傍ら、新国立劇場の舞踊芸術監督（2010～14年）を兼任し、『アラジン』や『パゴダの王子』などを振り付けた。

英国ロイヤル・バレエ団では、常任振付家たちの活躍が近年著しい。

クリストファー・ウィールドン振付の『不思議の国のアリス』（2011）や『冬物語』（2014）、ウェイン・マクレガーの『ウルフ・ワークス』（2015）、リアム・スカーレットの『白鳥の湖』改訂版（2018）、女流のキャシー・マーストン振付『ザ・チェリスト』（2020）など、話題作が次々に生まれている。

そのほか、ニュー・アドベンチャーズのマシュー・ボーンは、『白鳥の湖』や『ロミオとジュリエット』などで大胆な読み直しを試み、常にセンセーションを巻き起こし、アクラム・カーンは、シルヴィ・ギエムとのコラボレーションやイングリッシュ・ナショナル・バレエの『ジゼル』（2016）などで名声を高めた。

ヴァージニア・ウルフの小説世界をバレエ化

ウルフ・ワークス

英国ロイヤル・バレエ団常任振付家のウェイン・マクレガーが、就任10周年の節目に手がけた最初の全幕バレエ。しばらく舞台から遠ざかっていた名花アレッサンドラ・フェリの復帰作としても注目を浴びた。

原作	ヴァージニア・ウルフ
台本	ウズマ・ハミド
音楽	マックス・リヒター
振付	ウェイン・マクレガー
初演	2015年5月11日英国ロイヤル・バレエ団
構成	全3部

アレッサンドラ・フェリとフェデリコ・ボネッリ。

解説

英国の女流作家ヴァージニア・ウルフの代表的な三つの小説をもとに創作された。59歳で入水自殺した天才作家の人生を投影した深遠なバレエは、これまで演劇的バレエを多数輩出してきた英国ロイヤル・バレエ団だからこそ、生み出せた秀作と言えよう。２０１２年にアイディアが生まれ、ワークショップのような形で制作されたという。

《今の私　かつての私》（『ダロウェイ夫人』から）、《形成》（『オーランドー』から）、《火曜日》（『波』から）の三部で構成。

一部が２０１８年の第15回世界バレエ・フェスティバルで、アレッサンドラ・フェリとフェデリコ・ボネッリによって紹介されている。

みどころ

文学作品をベースにしたバレエだが、作家の生涯をなぞるのではなく、ウルフ文学の特徴とされる「意識の流れ」を描いている点が異色。ウルフは第１部と３部に登場、第２部を抽象バレエのディヴェルティスマン形式にした点が斬新である。

第１部は、三つの大中小のフレームを移動させたり、映像を使った演出が効果的。

第２部は、宇宙を思わせる空間の中で、ウルフの作品のテーマであるトランスジェンダーが登場。シャープで抽象的なダンスに見応えがある。

第３部は、ウルフの死と共に、映像の波が押し寄せて、幕を閉じる。

振付家の時代：現代の旗手たち　4　ロシア編

バレエ王国健在を示した20世紀と明日への展望

バレエ王国ロシアが世に送り出した振付家は数限りない。古典バレエの巨匠プティパの後は、フォーキン、ニジンスキー、マシーン、バランシン……。

そしてロシア革命を経て20世紀半ばを過ぎると、ユーリー・グリゴローヴィチが、1964年から30年以上にわたって、ボリショイ・バレエ団のトップに君臨。『スパルタクス』や『黄金時代』など、男性舞踊手の力量を活かしたバレエで一時代を築く。近年、ボリショイ・バレエ団では、ユーリー・ポソホフが、レールモントフの生涯を描いた『現代の英雄』（2015）や伝説のスターにスポットを当てた『ヌレエフ』（2017）などを発表。さらにルーマニア出身のエドワード・クルグの『ペトルーシュカ』というユニークな新版を取り入れ、話題となった。

2019年に来日したボリス・エイフマン率いるエイフマン・バレエは、自信作の『ロダン』や『アンナ・カレーニナ』を紹介。創作意欲旺盛で、今後もロシアに新旋風を巻き起こしていくことだろう。

ラトマンスキー振付『くるみ割り人形』（ABT）。

内外で最も著しい活躍をしているのが、アレクセイ・ラトマンスキーで、ボリショイでの『明るい小川』や『ロミオとジュリエット』、マリインスキーでの『イワンと仔馬』『アンナ・カレーニナ』の創作のほか、ABTなどロシア国外で、『くるみ割り人形』『眠れる森の美女』『白鳥の湖』『アルレキナーダ』といったプティパ作品の復元上演にも力を注いでいる。

モスクワ音楽劇場バレエ団には、2017年、パリ・オペラ座のローラン・イレールが芸術監督に就任。ミハイロフスキー劇場バレエ団には、2019年、スペイン人のナチョ・ドゥアトが芸術監督に返り咲き、新制作『眠れる森の美女』『ラ・バヤデール』で、バレエ団に新風を送り込んでいる。今後、ロシアのバレエ界がどう変わっていくのか、興味は尽きない。

振付家の時代：現代の旗手たち《ラトマンスキー》

ロシアのおとぎ話が民族色豊かな音楽でバレエに

イワンと仔馬

エルショーフの民話『イワンと仔馬』を原作としたバレエ。農家の三男であるお馬鹿なイワンは、ある日、畑を荒らす雌馬を助けたことから、魔法の力を持つ仔馬を贈られ、奇想天外な冒険の旅に出発。そこで出会った美しい姫君と結ばれ、めでたしめでたしとなる。

イワンと姫君を踊る、レオニード・サラファーノフとアリーナ・ソーモア（マリインスキー・バレエ団）。

台本：マクシム・イサーエフ（エルショーフの民話に基づく）
音楽：ロジオン・シチェドリン
振付：アレクセイ・ラトマンスキー
初演：2009年3月14日マリインスキー・バレエ団
構成：全2幕
その他の代表的な版：
1960年　アレクサンドル・ラドゥンスキー版（ボリショイ・バレエ団）

解説

バレエ『イワンと仔馬』は、19世紀に帝室バレエ団で上演されている。音楽はチェーザレ・プーニ、振付はアルチュール・サン＝レオン、1864年のことであった。その後、プティパなどによって改訂されてきた歴史がある。

ラトマンスキーは、シチェドリンの音楽を用い、舞台装置と衣裳デザイン（マクシム・イサーエフ）を一新、今日の視点から新たに作り直した。

構成は次の通り。

第1幕：第1場＝畑の隅の家、**第2場**＝夜、**第3場**＝都の広場、**第4場**＝皇帝の部屋

第2幕：第1場＝世界の果て、**第2場**＝宮殿、**第3場**＝海底、**第4場**＝都の広場

みどころ

ラトマンスキー版は、装置と衣裳がカラフルで、メルヘンの世界を見るような楽しさがある。シチェドリンが愛妻プリセツカヤのために作曲した音楽は、色彩豊かで、ロマンティック、すぐにでも踊りたくなるような煌めきに満ちている。第1幕では、エネルギッシュなイワンの踊りに、ひねりをきかせた仔馬の踊りなどが楽しめ、第2幕では、海底のシーンで、姫君がロシア的な旋律の華麗な音楽で踊るソロと、続くイワンの回転技の連続が見もの。

ロシアの文豪トルストイの名作が重厚なドラマティック・バレエに

アンナ・カレーニナ

『アンナ・カレーニナ』は、高級官僚カレーニンの妻アンナが、若き将校ヴロンスキーと恋に落ち、社会から疎外された末に、破滅の道を選ぶ物語。これまでさまざまな振付家がバレエ化を試みて、ヒロインの精神世界を独自の手法で描き出してきた。

原作：レフ・トルストイ
音楽：チャイコフスキーほか電子音楽
振付：ボリス・エイフマン
初演：2005年3月31日エイフマン・バレエ
構成：全2幕
その他の代表的な版：
●シチェドリン曲
1972年　マイヤ・プリセツカヤ版（ボリショイ・バレエ団）
1979年　アンドレ・プロコフスキー版（オーストラリア・バレエ団）
2004年／2010年　アレクセイ・ラトマンスキー版（デンマーク・ロイヤル・バレエ団／マリインスキー・バレエ団）
●チャイコフスキー、シュニトケほか
2017年／2018年　ジョン・ノイマイヤー版（ハンブルク・バレエ団／ボリショイ・バレエ団）

解説

1977年に、自身のバレエ団「ノーヴィ（新しい）・バレエ」（現在のエイフマン・バレエ）を結成して以来、革新的な創作で「ロシアのニュー・ウェーヴ」と言われたエイフマン。『アンナ・カレーニナ』は、数ある振付作品の中でも、エイフマンの代名詞として世界的に評価が高い名作である。音楽は、全曲チャイコフスキーのコラージュで、

カーニヴァルのシーン。仮面をつけたコール・ド・バレエがエネルギッシュな踊りを繰り広げる（エイフマン・バレエ）。

夫カレーニンと恋人ヴロンスキー、アンナの心理的な葛藤が描かれる。

主人公たちの心理描写にぴたりと合った選曲が成功。２０１０年に新国立劇場バレエ団が日本初演、２０１９年にはエイフマン・バレエによる日本公演が実現した。

第１幕：アンナは、ペテルブルクで、夫カレーニンと愛息と暮らしている。舞踏会で、若い将校ヴロンスキーと出会ったアンナは一目で恋に落ち、二人は密会を重ねるが、夫の知るところとなり、アンナは苦悩する。

第２幕：アンナを巡って、ヴロンスキーも夫も苦悩。アンナはヴロンスキーと生きる道を選ぶ。二人はヴェネツィアを訪れるが、幸せは長く続かず、アンナはペテルブルクに戻る。社交界の人々の目は厳しく、アンナは平静を失い、列車に身を投げる。

みどころ

チャイコフスキーの名曲を主体に、アンナの幻想の世界では、電子音楽を使うなど、ロシアの魂がこもったような選曲が光る。手法は正攻法だが、難度の高いリフトを多用、極限に挑戦したかのような踊りで、主人公たちの感情の高まりを見事に描写。『悲愴』をアンナとヴロンスキーの愛のデュエットで響かせ、山場作りも巧み。コール・ド・バレエの踊りの場面もふんだんに設けられ、兵士たちの踊りやカーニヴァルのシーンなど見どころがたっぷりである。

長身ダンサーが踊るエイフマン作品

エイフマン・バレエのダンサーたちは、総じて長身揃い。これは、男性182cm以上、女性172cm以上のダンサーを揃えているからで、長身から繰り出される迫力たるや、他のバレエ団には見られない、スケールの大きさで圧倒する。バレエ団は1990年に初来日し、2019年の来日は何と21年ぶりだった。記者会見で、ダンサーたちが口を揃えて、エイフマンのバレエにショックを受けて入団したエピソードを語っていたのが印象的だった。

ダンサーの精緻な技巧を堪能する

ガラで踊られる 人気のPDD《パ・ド・ドゥ》と小品

Gala Performance

「ガラ」とは、公演の初日などの特別興行を指す。日本で「ガラ」という名称が一般的になったのは、1976年の第1回世界バレエフェスティバルの頃ではなかろうか。「世界三大プリマ」のフォンテーン、アロンソ、プリセツカヤをはじめ、綺羅星のようなスターたちの饗宴の素晴らしさは今でも語り種《ぐさ》になっている。

英国の名振付家チューダーのバレエに、『ガラ・パフォーマンス』という作品（1938年初演）がある。モスクワ、ミラノ、パリから参集したプリマ・バレリーナたちが、ライバル意識を燃やして競い合う様子を風刺的に描いたもので、ガラの本質を突いている。

ガラ・コンサートの定番と言えば、『ドン・キホーテ』『海賊』『白鳥の湖』『パリの炎』などのグラン・パ・ド・ドゥ。まず男女一緒のアダージョ、次いで各自のソロ、そしてコーダで終わる4部構成。特に興奮を誘うのがコーダで、女性は片足で32回回り続けるグラン・フェッテ、男性は跳躍と回転の大技と、超絶技巧の応酬が見もの。

もっともガラには、華やかな技巧を押し出さなくても深い感動を呼び起こす演目がさまざま踊られる。例えば、『瀕死の白鳥』や『ジゼル』のような「白いバレエ」は別世界へ誘うに十分で、コンテンポラリー作品のシャープな感性には、まさに今のときめきがある。

『ロミオとジュリエット』や『マノン』の物語バレエの名場面を取り出して上演される機会も多くなった。例えば、クランコの『オネーギン』からの《手紙のパ・ド・ドゥ》に感動したら、次はきっとこのバレエの全幕を見たいと思うことだろう。また、今まで見る機会のなかったダンサーに、すっかり魅了されることもあるだろう。ガラにはこんな予期せぬ出会いも待っている。

『ドン・キホーテ』のグラン・パ・ド・ドゥより。スヴェトラーナ・ザハーロワとアンドレイ・ウヴァーロフ。

生き生きとしたステップに彩られたブルノンヴィルの名作

ジェンツァーノの花祭り

ジェンツァーノは、盛大な花祭りで知られるローマ近郊の村。
難を乗り越えて結ばれた若いカップルが、花祭りで幸せに溢れたパ・ド・ドゥを踊る。
ガラ・コンサートの人気パ・ド・ドゥの一つ。

音楽：ホルガー・シモン・パウリ
振付：オーギュスト・ブルノンヴィル
初演：1858年12月19日デンマーク王立劇場

エフゲーニャ・オブラスツォーワとレオニード・サラファーノフ。細やかなステップ妙技と幸福感漂うデュエット。

解説

デンマーク・バレエの発展に大きく貢献したブルノンヴィルは、イタリアを訪れた際、その風土に強くインスピレーションを受けて、イタリアを題材にしたバレエをいくつか振り付けている。

『ジェンツァーノの花祭り』は、『アルバーノの祭り』（1839）、『ナポリ』（1842）に次ぐイタリアが舞台の3作目のバレエ。当初は、エドヴァルド・ヘルステッド（第1部）とホルガー・シモン・パウリ（第2部）の二人の作曲家による音楽が使われ、1幕ものの作品として創作された。

物語は、悪者にさらわれた村娘のローザを、恋人のパオロが救い出すというもの。1929年を最後に通し上演は行われなくなり、第2部の主人公のカップル、ローザとパオロのパ・ド・ドゥの部分のみが現在に伝えられている。

みどころ

ヴァイオリンの短い前奏で主人公の二人が登場し、アダージョが始まる。次いで男性の躍動的なソロ、女性の軽やかなソロが続き、コーダで再び二人が一緒に踊る。いかにも幸せそうな恋人たちの明るく和やかな雰囲気を味わいたい。

振付には、きめ細かいステップが特徴のブルノンヴィル・テクニックのエッセンスがたっぷり。弾むような跳躍や細かく足を打ちつけるパがふんだんに用いられ、フワフワと絶えず宙に浮いているような浮遊感を与えるのが心地よい。

パガニーニのヴァイオリンの流麗な調べと共に

サタニラ

イタリアの舞姫アマリア・フェラリスの送別公演のために特別に振り付けられたパ・ド・ドゥで、当初のタイトルは『ヴェネツィアの謝肉祭』。フェラリスとプティパによって踊られた。ヴェネツィアの民謡のテーマを編曲した陽気な音楽が心を弾ませる。

音楽：チェーザレ・プーニ（パガニーニのテーマによる）
振付：マリウス・プティパ
初演：1859年2月12日ペテルブルク、ボリショイ劇場

解説

プティパは、このパ・ド・ドゥを、後に、パントマイム・バレエ『サタニラあるいは愛と地獄』全3幕7場（パリ初演1840年マジリエ振付『恋する悪魔』、ペテルブルク初演1848年マリウス・プティパと父ジャン=アントワーヌ・プティパ振付）の中に組み入れ、プーニの音楽を数曲加えて改作した。

ロシアでは、主人公の女性の名前に因んで、『サタニラ』と呼ばれている。

みどころ

カーニヴァルで有名なヴェネツィアの謝肉祭が舞台。仮面をつけた美女と青年が出会い、青年が仮面を外すと、たちまち二人は恋に落ち、ロマンティックなパ・ド・ドゥを繰り広げる。

ヴァイオリンの名旋律に乗せたロマンティックなアダージョから、躍動的な男性ヴァリエーション、再びヴァイオリンを奏でるような優雅な女性ヴァリエーション、スピーディーなコーダへと、回転やジャンプの技巧の応酬が興奮を誘う。

世界バレエフェスティバルで共演した、エフゲーニャ・オブラスツォーワとマチュー・ガニオの『サタニラ』。

帝政ロシアの栄華を偲ばせる４人の女神たち

フローラの目覚め

**ギリシャ＝ローマの神話が題材で、西風の神ゼフィールが花の女神フローラに恋する物語。
月の女神ディアナ、暁の女神オーロラ、青春の女神ヘーベ、春の女神フローラ。
4人の踊り手が妍を競って踊る姿は優美この上ない。**

音楽：リッカルド・ドリゴ
振付：マリウス・プティパ
初演：1894年8月6日ペテルゴフ宮殿
（帝室バレエ団）
1895年1月14日マリインスキー劇場
（帝室バレエ団）
構成：1幕
その他の代表的な版：
1914年　イワン・フリュースティン
（アンナ・パヴロワ・バレエ団）
2007年　セルゲイ・ヴィハレフ版
（マリインスキー・バレエ団）
2008年　ユーリー・ブルラーカ版
（チェリャビンスク・オペラ・バレエ劇場）

解説

アレクサンドル・ミハイロヴィチ大公とロシア皇帝アレクサンドル3世の皇女クセニアの婚礼を祝して創作。初演は、ガラ公演で、グノーのオペラ『ロミオとジュリエット』第2幕と共に上演され、翌年マリインスキー劇場で上演された。

２００４年、ブルラーカは、ドリゴの『フローラの目覚め』から5曲に、『カンダウル王』と『巫女』からの音楽を加え、全7曲からなる「薔薇のパ・ド・カトル」を構成。フローラ、オーロラ、ディアナ、ヘーベの4人の女神の踊りで、ボリショイ・バレエ団やワガノワ・バレエ・アカデミー（写真下）のレパートリーになっている。

みどころ

ブルラーカ振付の『薔薇のパ・ド・カトル』は、19世紀ロマンティック・バレエのペロー振付『パ・ド・カトル』を想起させる。華麗な音楽で、4美神が勢揃いする情景は、帝室バレエの良き時代を偲ばせる。ソロにそれぞれ特徴があり、〝女性ヴァリエーションの天才〟プティパの力量を遺憾なく発揮。エキゾティックな月の女神、繊細なオーロラ、軽快なヘーベ、そしてハープに合わせて甘美に踊るフローラ、いずれも神々しい美しさである。

コーダは速いテンポで祝祭的なムードに包まれて締めくくられる。

4人の女神の可憐な踊り。中央奥はマリア・ホーレワ。

パヴロワの名演で伝説に、孤高の白鳥

瀕死の白鳥

原曲は、二台ピアノとチェロ独奏。サン=サーンスが描いたのは、あくまで優雅に湖に浮かぶ白鳥の姿だった。これに死のイメージを加えたのは、舞踊のマジックのなせる業だろう。パヴロワは、わずか3分間のソロで45カ国を巡演し「伝説」となった。

音楽	カミーユ・サン=サーンス『動物の謝肉祭』より 第13曲「白鳥」
振付	ミハイル・フォーキン
初演	1907年12月22日ペテルブルク、マリインスキー劇場

スヴェトラーナ・ザハーロワの『瀕死の白鳥』。白鳥の化身のごとき表現が込められる。

解説

新しいバレエの創造に燃えていた振付家フォーキンと、天才バレリーナ、アンナ・パヴロワの才能が結実して生まれた作品。初演は、1907年マリインスキー劇場、恵まれない母子のためのチャリティー・コンサートで行われた。パヴロワが、コンサートで踊る小品を振り付けてもらえないかと、フォーキンに頼みにいくと、彼はちょうどマンドリンで、ピアノを伴奏に『白鳥』を演奏していた。ほっそりとして、神秘的ではかなげなパヴロワを見て、フォーキンは、即座に白鳥に適役だと感じた。ほとんど数分の即興で名作が誕生。振付は、技術的にいたってシンプルで自然。両腕が白鳥の羽ばたきを表現し、足のパ・ド・ブレが水の流れを思わせる。

名演を歴史に刻みつけたパヴロワ以後、ガリーナ・ウラーノワ、マイヤ・プリセツカヤ、ウリヤーナ・ロパートキナ、スヴェトラーナ・ザハーロワら、名だたるバレリーナたちが踊ってきたが、一つとして同じ振付はなく、同じバレリーナが踊っても毎回違って見えるのが、この作品の尽きない魅力と言える。

みどころ

現在踊られている振付は、大きく分けて、パヴロワのオリジナルのように正面を向いて出てくるものと、客席に背中を向けて登場するものの2種類がある。この作品は、ほとんどパ・ド・ブレで構成され、技巧を披露するのではなく、死に向かう白鳥の哀感や、生への渇望をいかに表現するかが見せどころで、それが踊り手の試金石ともなっている。

バレエの中でこれほど抑制された動きはなく、それでいて会場の空気を一変させてしまうのが、作品の奥深さと言えよう。

道化のアルルカンとコロンビーヌの楽しい掛け合い

アルレキナーダ

全幕版よりもパ・ド・ドゥのほうが有名という例は少なくないが、本作もその例に漏れない。もとになったのはプティパ振付、ドリゴ作曲の全2幕のバレエ『アルレキナーダ』で、別名『Les Millions d'Arlequin（百万長者のアルルカン）』。1900年帝室バレエ団が初演した。

音楽：リッカルド・ドリゴ
振付：ピョートル・グーセフ
初演：1930年代

オブラスツォーワとアントン・コールサコフ。

解説

全幕版は、フョードル・ロプホフやピョートル・グーセフ、バランシンなどによって改訂が試みられてきたが、近年では、2018年、プティパ生誕200年に因んで、アレクセイ・ラトマンスキーがABTのために創作した新版が知られている。

イタリアのコメディア・デラルテの登場人物である、アルルカンとコロンビーヌのロマンスがテーマ。二人は愛し合っているが、コロンビーヌの父は、娘をお金持ちのレアンドルと結婚させようと企てる。しかし善の精のおかげで、恋人たちは結ばれるという物語。コンサートでは、「アルレキナーダのパ・ド・ドゥ」が踊られることが多い。

みどころ

コメディア・デラルテの主人公、アルルカンとコロンビーヌのパ・ド・ドゥは、バレエでは珍しく新鮮である。二人の掛け合いにユーモアが溢れ、ほのぼのとした愛情いっぱいの仕草が見る者を惹き付ける。

ヴァリエーションは、男女共にテクニックの見せ場が凝縮されているので、バレエ・コンクールで踊られる頻度が高い。

グーセフ振付によるパ・ド・ドゥの音楽は次の通り。

アダージョ：『アルレキナーダ』第1幕より

男性ヴァリエーション：1902年にアルルカン（アレクサンドル・シリャーエフ）のために作曲

女性ヴァリエーション：シリャーエフによる1903年のレフ・イワーノフ振付『ハーレムのチューリップ』再演でドリゴが加筆したコーダあるいはオルガ・プレオブラジェンスカヤのピエレットのヴァリエーション

コーダ：「グラン・バラービル」―『タリスマン』より「ベンガルの薔薇」

※参考：「The Marius Petipa Society」HP

ガラで踊られる人気のパ・ド・ドゥと小品

ギリシャ神話の月の女神と狩人のデュエット

ダイアナとアクティオン

ガラ・コンサートなどで人気の高いパ・ド・ドゥの一つ。ギリシャ神話から題材を採り、弓矢を手にチュニックをまとった神々しい女神と、勇壮な狩人のデュエットは、神話の世界のロマンをかき立てるのに十分で、テクニックの見どころに事欠かない。

音楽：チェーザレ・プーニ『皇帝カンダーヴル』
振付：アグリッピーナ・ワガノワ
初演：1935年4月23日キーロフ・バレエ団

ローレン・カスバートソンとセルゲイ・ポルーニン。英国ロイヤル・バレエ団ゆかりのアリーナ・コジョカルのガラで実現した顔合わせ。

解説

もともとは、1935年に、ワガノワが、『エスメラルダ』の改訂版を作った際に、第2幕、フルール・ド・リスの館で踊られる余興の劇中劇として挿入された踊りである。ギリシャ神話の物語で、狩りにきたアクティオンは、入浴中のダイアナの姿を見てしまったことから、鹿の姿に変えられ、猟犬の餌食となってしまう。決して結ばれることのない二人の運命が、エスメラルダのフェビュスに対するかなわぬ恋と重なり合っているようである。

初演は、ガリーナ・ウラーノワとワフタング・チャブキアーニという伝説的なペアが演じた。

みどころ

アダージョでは、ダイアナとアクティオンが、リズミカルな音楽に乗って颯爽と登場。張りのあるきびきびした動きが心地よい。ダイアナが弓を射るポーズが凛として美しい。続く、アクティオンとダイアナのそれぞれのヴァリエーションやコーダでは、超絶技巧がたっぷり。アクティオンの豪快な跳躍の数々やダイアナのコーダにおけるグラン・フェッテをはじめ多彩な回転技が興奮をかき立てる。

ガラで踊られる人気のパ・ド・ドゥと小品

フランス・バレエのエレガンスと華麗な技巧の花束

グラン・パ・クラシック

戦後フランスを代表するパリ・オペラ座の名花イヴェット・ショヴィレの当たり役として知られる典型的クラシックのパ・ド・ドゥ。優雅な動きに加え、随所に華やかな技巧がちりばめられ、フランス・バレエの醍醐味を十二分に堪能させてくれる。

音楽：ダニエル=フランソワ=エスプリ・オベール　オペラ『マルコ・スパダ』より
振付：ヴィクトル・グゾフスキー
初演：1949年11月12日パリ、シャンゼリゼ劇場

パリ・オペラ座バレエ団のダンサーによって踊り継がれる名作。写真は次世代を担うオニール八菜とユーゴ・マルシャン。

解説

振付のグゾフスキーは、ペテルブルク出身の名バレエ・マスター。『グラン・パ・クラシック』は、一時的にパリ・オペラ座を離れていたショヴィレと、パートナーのスクラトフのために振り付けられたもので、高度なテクニックと気品が結合した格調高いパ・ド・ドゥである。オペラ座の十八番として踊り継がれてきたが、現在では、世界のスターたちが踊るようになった。

本家のパリ・オペラ座では、80年代は、シルヴィ・ギエムとマニュエル・ルグリ、90年代は、アニエス・ルテステュとジョゼ・マルティネズの名カップルが誕生。超絶技巧と洗練された様式美は、オニール八菜とユーゴ・マルシャンら続く世代に脈々と引き継がれている。

みどころ

優雅なアダージョで開始され、堂々とした男性ヴァリエーション、女王然とした女性ヴァリエーションが続き、華麗なコーダで最後が飾られる。アダージョでは、女性の長いバランスの見せ場があるが、パートナーとのタイミングが重要。女性ヴァリエーションでは、ステージ対角線上に、軸足はポワントで立ちながら、片足を蹴り上げて進むバロネがテクニックの見せどころ。男性ヴァリエーションにも、跳躍や回転技の見せ場が多い。

おなじみタンバリンのソロはガラやコンクールの華

エスメラルダ

今日『エスメラルダ』は、全幕上演される機会が極めて稀ながら、グラン・パ・ド・ドゥは、ガラ・コンサートでしばしば踊られ、奔放な魅力を放つジプシーの娘、エスメラルダがタンバリンを手にしたヴァリエーションはバレエ・コンクールで取り上げられることが多い。

音楽：リッカルド・ドリゴ
振付：プティパ版（1886）をもとにジェニア・メリコワとニコラス・ベリオゾフ改訂
初演：1954年7月14日ロンドン・フェスティヴァル・バレエ団

エカテリーナ・クリサノワ（ボリショイ・バレエ団）の華麗な跳躍。タンバリンを手に、踊られる。

解説

『エスメラルダ』は、ヴィクトル・ユゴー原作『ノートルダム・ド・パリ』をもとにさまざまな演出・振付でバレエ化されてきた。

最初は、プーニの音楽にジュール・ペローが振り付け、1844年ロンドンで初演された。エスメラルダはカルロッタ・グリジ、詩人のグラングワールはペロー、フェビュスはサン゠レオンであった。その後、1886年にペテルブルクで、プティパがドリゴの音楽を加えて改訂、舞踊シーンを充実させた。このプティパ版をもとに、1954年ベリオゾフによって新版が誕生。ここでメリコワとベリオゾフが踊ったパ・ド・ドゥが、「タンバリン・パ・ド・ドゥ」として世界に広まった。

なお、ほかにコンクールでおなじみなのは、ベン・スティーヴンソン版で、1982年の米ジャクソン国際バレエ・コンクール（ジェニー・パーカーとウィリアム・ピッズト）で踊られている。

みどころ

このパ・ド・ドゥは、全幕版では、寺院の前でエスメラルダが恋人フェビュスの裏切りを知り、悲しみをこらえてタンバリンを持って、詩人のグラングワールと踊られる。ほかのグラン・パ・ド・ドゥには見られない、ジプシーの激しい情熱を感じさせるのが特徴で、男女共に難度の高い回転、および跳躍技がちりばめられている。中でもエスメラルダのタンバリンのソロは、足でタンバリンを打ちつける超絶技巧が続くため、高度なバランス感覚が求められる。

ガラで踊られる人気のパ・ド・ドゥと小品

古代インドの伝説の天女と風の神の恋物語

タリスマン

ガラ・コンサートやコンクールでよく踊られるポピュラーな作品。チュチュのバレエとは異なり、東洋的な情緒に独特の味わいがある。プティパの全幕バレエからの抜粋ではなく、20世紀のソ連時代に、グーセフがドリゴとプーニの音楽を組み合わせて創作したものである。

音楽：リッカルド・ドリゴ、チェーザレ・プーニ
振付：ピョートル・グーセフ
初演：1955年

アンナ・ニクーリナとミハイル・ロブーヒン。

解説

『タリスマン』とは「お守り」の意味で、舞台は古代インド。ドリゴ作曲、プティパ振付による全幕版（全4幕7場、プロローグ、エピローグ付き）は、1889年帝室マリインスキー劇場で初演された。物語は、天女のエラが、天界の女神である母から試練を与えられ、人間に恋することのないようにと、星のお守りを渡され、風の神ウラガンに守られて地上に降りる。そこで出会った若きマハラジャ（大王）、ヌレディンと恋に落ちる。一度はヌレディンをあきらめ、天上に戻ったエラだったが、ヌレディンのもとに帰る。

1909年に、ニコライ・レガートが改訂した際、主人公たちの名前も改められ、エラはニリチとなり、ウラガンはヴァユーとなった。

みどころ

天女のニリチと風の神ヴァユーのパ・ド・ドゥは、五つのパートから構成される。ヴァユーの豪快なジャンプと力強いリフト、ニリチの細やかなポワント技巧など、ロシア・バレエ独特の強靭なテクニックの見せ場がふんだんに盛り込まれ、見応え十分。音楽はドリゴとプーニの組み合わせで、次の通り。

アントレ：『タリスマン』のプロローグより
アダージョ：『タリスマン』の終幕のアダージョ
男性ヴァリエーション：プーニ作曲『ファラオの娘』第2幕よりタオールのヴァリエーション
女性ヴァリエーション：ドリゴ作曲『真珠』より黒真珠のピッチカート
コーダ：『タリスマン』第1幕より

※参考：「The Marius Petipa Society」HP

スピーディーな超絶技巧のショーケース

タランテラ

「タランテラ」は、イタリアのナポリ民謡の3/8または6/8拍子のテンポが速い曲を言う。
超絶技巧のピアノ曲、ゴットシャルク(1829〜1869)の『大タランテラ』を
ピアノとオーケストラ版に編曲。息もつかせず踊り続ける空前のスピードのパ・ド・ドゥ。

音楽:ルイス・モロー・ゴットシャルク
(ハーシー・ケイ編曲)
振付:ジョージ・バランシン
初演:1964年1月7日ニューヨーク・シティ・センター
(NYCB)

解説

「タランテラ」と言えば、ブルノンヴィルの『ナポリ』第3幕のパ・ド・シスの中の1曲が有名だが、こちらはバランシンの現代版。先人へのオマージュを感じさせる。初演は、パトリシア・マクブライドとエドワード・ヴィレラ。衣裳デザインはカリンスカで、イタリアの庶民的な雰囲気がよく出ている。

バランシンのバレエは、総じてスピードが速いのが特徴だが、このパ・ド・ドゥも例に漏れない。驚異の凝縮感の6分間、二人で手を取り合って弾むように駆け出してきてから最後まで、リズムが途切れることなく一気に突き進むのが特徴。

みどころ

リズミカルな音楽に乗った軽快なステップが、バランシン・バレエのエッセンスを伝えて見応え十分。カップルが、一緒に登場した後、交互にソロを披露していく。胸のすくようなジャンプや回転の超絶技巧。ジャンプしたり踊りながらタンバリンを打つのもスリリングな興奮を誘う。交互にピルエットの技巧を競い合う後半の掛け合いも絶妙だ。

アシュレイ・ボーダー(NYCB)とレオニード・サラファーノフ(ミハイロフスキー劇場バレエ団)。世界バレエフェスティバルでの共演。

ガラで踊られる人気のパ・ド・ドゥと小品

パリ・オペラ座エトワールゆかりの洗練された味わい

ドリーブ組曲

ダンスール・ノーブルとして輝きを放ち、振付でも活躍したジョゼ・マルティネズの佳品。
パリ・オペラ座ゆかりのダンサーによって、ガラ・コンサートで踊られる機会も多く、
洗練された味わいと、フランスらしいエスプリを伝えるパ・ド・ドゥ。

音楽：レオ・ドリーブ
振付：ジョゼ・マルティネズ
初演：2003年3月16日ロワッシー

レオノール・ボラックとジェルマン・ルーヴェ（パリ・オペラ座バレエ団）。

解説

パリ・オペラ座きってのダンスール・ノーブルとして活躍したジョゼ・マルティネズが、エトワール時代（1997―2011）に、オペラ座のイザベル・シアラヴォラとブルーノ・ブシエのために振り付けたパ・ド・ドゥ。音楽は、ドリーブの『泉』と『コッペリア』からの抜粋。衣裳デザインは、マルティネズとペアを組んでいたエトワールのアニエス・ルテステュが手がけ、ブルーとパープルを掛け合わせた色彩が洗練されている。

マルティネズは、オペラ座の委嘱で『天井桟敷の人々』（2008）の大作も振り付け、引退後は、2011～19年スペイン国立バレエ団の芸術監督を務めた。

みどころ

古典バレエのパ・ド・ドゥと同じように、アダージョ、男性ヴァリエーション（以上『泉』より）、女性ヴァリエーション、コーダ（以上『コッペリア』より）で構成されるが、パの組み合わせは自由で独創的。アダージョには、『眠れる森の美女』や『チャイコフスキー・パ・ド・ドゥ』を想起させる部分もある。マルティネズ自身がテクニシャンとして知られただけに、ジャンプや回転に技巧が凝らされ、洗練された味わいを醸し出す。

『泉』の音楽は、マルティネズ自身が踊ったレオ・スターツ振付『祭りの夜』とも重なり、パリ・オペラ座バレエへのオマージュと言うにふさわしい。

バレエ界の今をリードする
名門バレエ団

その歴史とプロフィール

世界最古の歴史を誇るパリ・オペラ座バレエ団から、
ロシア古典バレエの殿堂、マリインスキー・バレエ団とボリショイ・バレエ団、
短期間に、世界の名門バレエ団へと飛躍を遂げた欧米諸国のバレエ団、
名振付家たちに率いられたバレエ団、そして躍進著しい日本のバレエ団など、
本書口絵でご紹介したカンパニーを中心に、そのプロフィールを紹介します。

写真上／パリ・オペラ座の『デフィレ』。154名のダンサーと100名あまりのパリ・オペラ座バレエ学校の生徒が、ガルニエ宮の舞台の奥から手前に向かい行進する伝統のパフォーマンス。©Paris Opera Ballet
右／華麗なバレエの殿堂、パリのガルニエ宮。

パリ・オペラ座バレエ団

世界最古の伝統を誇るパリ・オペラ座バレエ団の歴史は、バレエの歴史そのものと言える。フランスに宮廷作法としてバレエがもたらされたのは、16世紀にフィレンツェのメディチ家から、カトリーヌ・ド・メディシスが後のフランス王アンリ2世に輿入れした時に始まる。イタリアから移入されたバレエの技術は、宮廷バレエの隆盛と共に発展し、根づいていく。17世紀に入ると、1661年、太陽王ルイ14世によって、王立舞踊アカデミーが創立され、これが現在のパリ・オペラ座バレエ団の起源とされる。1671年に、オペラ『ポモーヌ』の上演で、パリ・オペラ座が開場し、以後バレエは宮廷から劇場へと舞台を移していく。1713年には、パリ・オペラ座バレエ学校が創立される。19世紀に入ると、パリ・オペラ座は、マリー・タリオーニ主演の『ラ・シルフィード』(1832)やカルロッタ・グリジが名演を残した『ジゼル』(1841)などの名作を生み、ロマンティック・バレエ全盛期を迎える。

今日のパリ・オペラ座があるのは、セルジュ・リファールとルドルフ・ヌレエフというロシアの二大巨星の貢献によるところが大きい。リファールは1930年から4半世紀にわたり、ヌレエフは1983年から6年間、それぞれオペラ座に君臨し、ロシアの伝統にフランスのエレガンスを融合させ、洗練されたオペラ座スタイルを作り上げた。

リファール時代のイヴェット・ショヴィレに続いて、20世紀後半には、ノエラ・ポントワ、パトリック・デュポン、シルヴィ・ギエム、マニュエル・ルグリなど綺羅星の如きエトワールを輩出した。

ヌレエフの後任として、1990年からP・デュポンが舞踊監督に就任。1995年から2014年までおよそ20年間にわたりブリジット・ルフェーヴルが采配を振るった。その長期政権の後は、NYCB出身のバンジャマン・ミルピエが着任するも電撃辞任。後任にはエトワールとして活躍したオーレリ・デュポン、次いでジョゼ・マルティネスが就任、現在に至る。エトワール陣には、マチュー・ガニオ、ドロテ・ジルベール、マチアス・エイマン、レオノール・ボラック、ジェルマン・ルーヴェ、ユーゴ・マルシャンなどがいる。

常に「伝統の継承と創造」をスローガンに掲げたオペラ座は、ヌレエフ演出の古典の全幕バレエを中心に、ネオ・クラシックから、ロビンズ、プティ、ベジャール、キリアン、フォーサイス、バウシュに至るまで、幅広いレパートリーを誇り、バレエの殿堂であるに留まらず、ダンスの殿堂として、世界のダンスシーンをリードしている。

団員は、エトワールを最高位に、プルミエ・ダンスール、スジェ、コリフェ、カドリーユと5つの階級で構成。スジェ以下の団員には、毎年進級試験が課せられ、エトワールになるまでには長く険しい道が待っている。

現在、歴史的建造物のパレ・ガルニエ(1875年開場)とモダンで大衆的なオペラ・バスティーユ(1989年開場)の2劇場を拠点に年間150回もの公演を行っている。

マリインスキー・バレエ団

帝政ロシアの首都サンクトペテルブルクで育まれたロシア・バレエの殿堂。その歴史は、１７８３年に建設された帝室ボリショイ劇場にさかのぼる。その後、バレエ団は、１８６０年に新設された現在のマリインスキー劇場に活動の拠点を移し、今日に至る。この劇場は、革命後、キーロフ劇場と名称を改めるが、ソ連崩壊後の１９９２年に再びマリインスキーの名を冠するようになった。歴史的に、優れた人材を輩出し、世界のバレエの発展に貢献してきたと言っても過言ではない。19世紀は、フランス人のマリウス・プティパによって、ロシア古典バレエの黄金時代を迎え、20世紀は、この劇場の舞踊家が中心となったバレエ・リュスが世界を席巻。ミハイル・フォーキン、アンナ・パヴロワ、ワツラフ・ニジンスキー、ジョージ・バランシンらは世界の舞踊界に大きな影響を与えた。さらに、ルドルフ・ヌレエフ、ナタリヤ・マカロワ、ミハイル・バリシニコフ、ファルフ・ルジマトフ、ウリヤーナ・ロパートキナ、ディアナ・ヴィシニョーワ、ヴィクトリア・テリョーシキナなど世界的スターを輩出し続けている。これに、マリヤ・ホーレワや永久メイら新進が続いている。

1860年開場したマリインスキー劇場。
数々の名作バレエがここで初演された、
ロシア・バレエの殿堂。

独自のバレエ教則〝ワガノワ・メソード〟に基づく優雅な舞踊スタイルは絶品である。

ボリショイ・バレエ団

モスクワを本拠とするボリショイ・バレエ団は、マリインスキー・バレエ団と並ぶ、ロシア・バレエの総本山。「ボリショイ」（ロシア語で「大きい」という意）の名が示す通り、世界最大級の規模を誇る。１７７６年創立とされ、現在の劇場が建設されたのは１８２５年のこと。革命後は、サンクトペテルブルクに代わって、再び首都となったモスクワがバレエの中心地として活況を呈し始める。戦後、キーロフから移籍した名花ガリーナ・ウラーノワが一世を風靡したのに続き、マイヤ・プリセツカヤ、エカテリーナ・マクシモワ、ウラジーミル・ワシリーエフ、ニーナ・アナニアシヴィリといった国際的スターを輩出。今日のボリショイの隆盛は、１９６４年から30年以上にわたりバレエ団に君臨した、ユーリー・グリゴローヴィチによって築かれた。『スパルタクス』をはじめ、多くの大作を上演し、そのダイナミックなスケールはボリショイのシンボルとして称賛されている。２０１１年に、セルゲイ・フィーリンが芸術監督に就任し、その秋、ボリショイ劇場は新装オープン。

2011年、新装オープンなったボリショイ劇場。

２０１３年からは、マハール・ワジーエフがバレエ団を率い、世紀のプリマ、スヴェトラーナ・ザハーロワといったマリインスキー出身のスターたちを頂点に新たな黄金時代に入っている。

ミハイロフスキー劇場バレエ団

芸術の都サンクトペテルブルクのミハイロフスキー劇場（１８３３年創立）を本拠とする。１９２１年に劇場がマールイと改称された後、マールイ劇場バレエ団が発足。マリインスキー劇場とは異なる独自の方向性で活動してきた。フョードル・ロプホフが、『アルレキナーダ』や『明るい小川』を初演し、バレエ団の基礎固めに尽力した。ピョートル・グーセフ、イーゴリ・ベリスキーに次いで、１９７８年ニコライ・ボヤルチコフが芸術監督に就任。２００７年ファルフ・ルジマトフを芸術監督に迎える。２０１１～１３年に続いて、２０１９年からは、再びスペインの振付家ナチョ・ドゥアトが芸術監督の座に着き、バレエ団は新時代に突入。ドゥアトの『眠れる森の美女』や『ラ・バヤデール』の新版は、西欧的で洗練された様式美をもたらし、バレエ団を大きく変貌させた。

バレエ団は、１９８１年に初来日。91年からは20年以上にわたり毎年来日し、ルジマトフやペレンなど人気スターを揃えた舞台が親しまれた。

イギリス

英国ロイヤル・バレエ団

イギリスのバレエの歴史は比較的新しく、まだ1世紀にも満たないが、短期間のうちに、演劇の伝統に根ざした独自の英国スタイルを作り上げてきた。イギリスを代表する英国ロイヤル・バレエ団は、１９２６年に、バレエ・リュス出身のニネット・ド・ヴァロワが開設したバレエ学校を母体に、１９３１年、ロンドン北部のサドラーズ・ウェルズ劇場で旗揚げしたヴィック・ウェルズ・バレエ団が起源とされる。このバレエ団は、１９４１年にサドラーズ・ウェルズ・バレエ団となり、戦後コヴェント・ガーデンのロイヤル・オペラ・ハウスに本拠を移し、１９４６年、マーゴ・フォンテーン主演で、『眠れる森の美女』全幕を初演し、脚光を浴びる。１９５６年に、創立25年を迎え、ロイヤルの称号を冠する。

レパートリーは、草創期から上演してきた古典の全幕ものをはじめ、フレデリック・アシュトンやケネス・マクミランによる演劇的なバレエを十八番としている。

１９６０年から70年代にか

英国バレエの殿堂コヴェント・ガーデンのロイヤル・オペラ・ハウス。

けて、フォンテーンと、ロシアから亡命したルドルフ・ヌレエフによる世紀のペアが一世を風靡したのに続いて、アントワネット・シブレーとアンソニー・ダウエルという名ペアが誕生する。

　プリンシパルは、国際性豊かで、80年代以降、パリ・オペラ座から移籍したシルヴィ・ギエムをはじめ、吉田都や熊川哲也らが活躍。現在、日本人ダンサーは団員の約10%を占めるようになり、その頂点に高田茜、金子扶生、平野亮一らが立ち、プリンシパルの一翼を担っている。

バーミンガム・ロイヤル・バレエ団

　英国第2の都市バーミンガムを本拠とするバーミンガム・ロイヤル・バレエ団は、英国ロイヤル・バレエ団の姉妹カンパニーとして発足した。1946年、現在のロイヤル・バレエ団が、ロイヤル・オペラ・ハウスの専属になった際、30名の団員からなる新たなカンパニー（サドラーズ・ウェルズ・シアター・バレエ団）が組織されたのが起源である。バレエ団は、たびたび名称や本拠地を変えながらも、若手振付家を育成し、ツアーを積極的に行うなど、独自性を打ち出しながら発展していく。

　1990年、バレエ団は、バーミンガムのヒポドローム劇場を本拠に、その名もバーミンガム・ロイヤル・バレエ団と改め、新たなスタートを切る。1995年、ピーター・ライトの後を継ぎ、デヴィッド・ビントレーが芸術監督となる。ビントレーは、アシュトンとマクミランの後継者と目され、『美女と野獣』など、物語バレエを数多く創作した（2010年より新国立劇場舞踊芸術監督も兼任）。

　ビントレーに替わり、2020年からカルロス・アコスタが芸術監督に就任する。吉田都や佐久間奈緒に続いて、平田桃子と厚地康雄がプリンシパルとして活躍するなど、日本との縁が深い。

イングリッシュ・ナショナル・バレエ（ENB）

　ロンドンで、英国ロイヤル・バレエに次ぐ第2のバレエ団。アリシア・マルコワとアントン・ドーリンが1935年に結成したバレエ団が母体となって、1950年に発足したフェスティバル・バレエが起源（1969年ロンドン・フェスティヴァル・バレエと改称）。現在のイングリッシュ・ナショナル・バレエの名称になったのは1989年から。2012年、英国ロイヤル・バレエ団プリンシパルとして活躍したタマラ・ロホが芸術監督になってから急成長を遂げている。

　アンナ＝マリー・ホームズ版『海賊』（2013）や、アクラム・カーン版『ジゼル』（2016）を初演、2017年にはピナ・バウシュの傑作『春の祭典』をレパートリーに入れるなど、新路線が着々と進行。

　リード・プリンシパルに、ロホのほか、アリーナ・コジョカル、高橋絵里奈らが名を連ね、プリンシパルに加瀬栞、ファースト・ソリストに猿橋賢、ソリストに金原里奈など日本人が数多く活躍してきたのも親近感がもたれる。

ニューヨーク・シティ・バレエ団（NYCB）

20世紀最大の振付家ジョージ・バランシンの創造の拠点となったバレエ団。ABTと並んで、アメリカを代表するバレエ団として地位を築いている。創立は1948年。1934年設立のスクール・オブ・アメリカン・バレエ、バレエ・キャラバン、バレエ・ソサエティが前身となり、NYCB誕生に至った。バランシンを芸術監督に、ロビンズを副芸術監督に迎えたバレエ団は、海外でも成功を収め、世界的な名声を獲得する。

スター主義のABTに対し、NYCBでは、バランシンやロビンズをはじめとする20世紀の振付家たちの作品が主役である。クラシックの技法の上に作られたバランシンの純粋なダンスや、都会的でエンターテイメント志向のロビンズ作品は、アメリカに新しいダンスの流れをもたらした。

1964年から、ニューヨーク州立劇場（現在は、デイヴィッド・H・コック劇場）を本拠として活動。1983年のバランシン亡き後は、ロビンズとピーター・マーティンスが芸術監督となる。マーティンスは35年間バレエ団の発展に尽くして退任。2019年からは、芸術監督にジョナサン・スタフォード、副芸術監督にウェンディ・ウェーランという共同体制を敷いている。ラトマンスキーやウィールドンらに新作を委嘱するなど、常に創造的な精神は変わっていない。

ニューヨークのリンカーン・センター。ABT、NYCBの本拠地、劇場が集結している。

アメリカン・バレエ・シアター（ABT）

ニューヨークを本拠とするアメリカ最大のバレエ団。メトロポリタン歌劇場を中心に活動し、名声を博している。1939年、モルドキン・バレエ団のバレリーナ、ルシア・チェイスが富裕な財力を投じ、バレエ・シアターとして発足。1957年にアメリカン・バレエ・シアターと改称される。創立当初から創造の精神に溢れ、バレエ・リュスをモデルに、フォーキン、チューダー、デ・ミルなど現代作品を上演してきたが、1967年に初の全幕バレエ『白鳥の湖』を、1980年にナタリヤ・マカロワによる『ラ・バヤデール』全幕を上演するなど、古典のレパートリーも充実。ノラ・ケイ、シンシア・グレゴリー、アリシア・アロンソら自前のスターも生まれたが、現在は国境を超えたスター集団で知られる。

1980年、ミハイル・バリシニコフが芸術監督に就任。自ら古典を改訂し、トワイラ・サープに新作を委嘱するなど、新風を送り込んだ。

1992年から2022年まで、元プリンシパルのケヴィン・マッケンジーが芸術監督を務め、後任にスーザン・ジャフィが就任した。華やかな演出の『ドン・キホーテ』や『海賊』は看板演目。

デンマーク・ロイヤル・バレエ団

　北欧の古都コペンハーゲンを本拠とする名門バレエ団。１７４８年に、街の中心に王立劇場が開場してから、２６０年を超える長い歴史を誇っている。初期には、イタリア人のヴィンチェンツォ・ガレオッティが活躍し、バレエ団の発展に貢献。その後を受けて、デンマーク・バレエを開花させたのが、オーギュスト・ブルノンヴィルで、50作を超えるバレエを振り付け、独自のブルノンヴィル・スタイルを築き上げた。『ナポリ』や『ラ・シルフィード』は、不朽の名作として知られる。

　ハンス・ベックやハラルド・ランダーら名バレエ・マスターの手を経て、その伝統は今日に伝えられてきた。20世紀には、エリック・ブルーン、ペーター・シャウフス、ピーター・マーティンス、ヨハン・コボーといった優れたダンスール・ノーブルが続々と生まれた。２００８年から、ニコライ・ヒュッベが芸術監督を務め、『ナポリ』や『白鳥の湖』などの改訂演出を試みている。

　ブルノンヴィル生誕２００年に当たる２００５年には、第3回ブルノンヴィル・フェスティヴァルが開催された。

コペンハーゲンの中心にあるデンマーク王立劇場。独自のスタイルと伝統を誇る名門バレエ団の本拠地。©Jens Lindhe

シュツットガルト・バレエ団

　ドイツ南西部の都市シュツットガルトのバレエの歴史は、17世紀の宮廷までさかのぼり、18世紀には、偉大な改革者ノヴェールが活躍したことで知られる。しかし、このバレエ団が、最も輝かしい時代を迎えるのは、20世紀の生んだ天才振付家ジョン・クランコをバレエ監督に迎えてから。クランコは１９６１年の着任以来、マリシア・ハイデ、ビルギット・カイル、エゴン・マドセン、リチャード・クラガンといったバレエ団の若い才能を登用し、数々の名作を生み出した。その代表作には、クランコの三大物語バレエと言われる『ロミオとジュリエット』『オネーギン』『じゃじゃ馬馴らし』をはじめ『イニシャルR.B.M.E.』などがある。

　１９７３年、クランコ亡き後、グレン・テトリーやマリシア・ハイデが後を引き継ぎ、１９９６年から、リード・アンダーソンが芸術監督に就任。２０１８年からタマシュ・デートリッヒが後を継いで現在に至る。

　バレエ団は、常にクランコの遺産を継承しながら、新進振付家を積極的に起用し、順調な歩みをみせている。

ハンブルク・バレエ団

北ドイツの国際貿易都市ハンブルクを拠点に活動するバレエ団。と言うより、ジョン・ノイマイヤーが50年間率いたと紹介したほうが早いだろう。本拠地であるハンブルク歌劇場の起源は、1678年開場の市民歌劇場にさかのぼる。この劇場は、やがて市立となり、1934年に国立歌劇場に昇格。戦後、総監督となったロルフ・リーバーマンはバレエに力を注ぐが、1973年にアメリカ人振付家ノイマイヤーを芸術監督に招いて以来、バレエ団は、名実共にドイツ屈指のバレエ団へと成長し、世界的名声を博す。ノイマイヤーは、シュツットガルト・バレエ団で振付の才能を見出され、1969年にまずフランクフルト・バレエ団の芸術監督となる。創作の軸をなすのは、『くるみ割り人形』や『シルヴィア』といった古典バレエの新解釈に、『アーサー王伝説』や『椿姫』といった物語バレエ、そしてバッハ作曲『マタイ受難曲』のようなシンフォニック・バレエ。さらに、ミュージカルやオペラまで、創作の領域を拡張。そのスケールの大きな舞台作りは、ベジャールの後継者を思わせる。ノイマイヤーは、2015年「京都賞」受賞。近年の代表作に『ニジンスキー』『リリオム』『ジョン・ノイマイヤーの世界』『ベートーヴェン・プロジェクト』がある。

ミラノ・スカラ座バレエ団

ミラノ・スカラ座は、世界屈指のオペラの殿堂として知られているが、バレエ発祥の地イタリアには、宮廷バレエ以来の長い歴史がある。

1778年にミラノ・スカラ座が開場すると共に、バレエは重要な位置を占め、現在のバレエ団の基礎が作られる。1813年、スカラ座バレエ学校が開校。19世紀以来、スカラ座は、優れた舞踊家を輩出し、著名なバレエ・マスター、サルヴァトーレ・ヴィガーノやカルロ・ブラシスをはじめ、名花カルロッタ・グリジ、カルロッタ・ブリアンツァ、ピエリーナ・レニャーニ、名教師エンリコ・チェケッティらがイタリア派のバレエの普及に貢献した。

20世紀後半には、タリオーニの再来と言われたカルラ・フラッチが看板プリマとして君臨したほか、アレッサンドラ・フェリ、ロベルト・ボッレなどの国際的スターを生んだ。レパートリーも幅広いが、オリジナル作品では、ヨーロッパ文明の繁栄を讃美したマンゾッティ振付『エクセルシオール』(1881)やフェリーニの映画をもとにしたピストーニ振付『道』(1966)などがある。

2020年からマニュエル・ルグリが芸術監督に就任。バレエ団の新たな活動の展開が期待される。

オペラの殿堂ミラノ・スカラ座だが、イタリアではバレエの歴史も古い。

ウィーン国立バレエ団

音楽の都ウィーンの国立歌劇場は、一般にオペラで名高いが、もともとウィーンのバレエの歴史は古く、17世紀に宮廷で初めてバレエが上演され、18世紀にはジョルジュ・ノヴェール、19世紀にはファニー・エルスラーといった名舞踊家たちが活躍したことで知られる。1869年に国立歌劇場が開場。19世紀後半には、付属バレエ学校が誕生し、ウィーンのバレエの将来を担う人材が育成される。1964年から、世紀のスター、ルドルフ・ヌレエフを客演に迎え、ヌレエフ演出の古典バレエがレパートリーに入る。

2010年秋、パリ・オペラ座エトワールとして活躍したマニュエル・ルグリを芸術監督に迎え、一躍世界の注目を集める。ヌレエフの愛弟子でもあったルグリは、自ら手がけた『海賊』や『シルヴィア』で、19世紀フランスのロマンティック・バレエの香りを蘇らせ、ウィーンを「第2のパリ・オペラ座」のような洗練されたバレエ団に生まれ変わらせることに成功、2012年と18年に来日公演を行った。

2020年からマーティン・シュレップァーが就任し、新たなスタートを切る。

ウィーンの中枢部リング通りに面して壮麗な姿を見せるウィーン国立歌劇場。オペラで有名だが、バレエの躍進も近年著しい。©WienTourismus/Chrisian Stemper

モーリス・ベジャール・バレエ団

20世紀最高の振付家として、世界に衝撃を与えてきた鬼才モーリス・ベジャールが率いてきたバレエ団には、半世紀以上の長い歴史がある。

1954年に、パリでエトワール・バレエ団を結成し、それが1957年にバレエ・テアトル・ド・パリに発展。1960年に、ベルギーのモネ劇場で、20世紀バレエ団を設立し、27年間の長きにわたり、名声をほしいままに活動を繰り広げる。1987年、スイスのローザンヌに本拠を移し、モーリス・ベジャール・バレエ団（正式名称はベジャール・バレエ・ローザンヌ）と改称。1992年に、カンパニーは、30名ほどの規模に縮小されるが、ワグナー作品をバレエ化した『ニーベルングの指環』をはじめ、夭逝したジョルジュ・ドンとフレディ・マーキュリーに捧げた『バレエ・フォー・ライフ』、ベジャール作品の名作選『愛、それはダンス』など数々の作品を世に送り出し、ベジャールの創作意欲は止まるところを知らなかった。2007年ベジャール亡き後は、愛弟子だったダンサー達が巨匠の遺志を継ぎ、バレエ団として精力的に活動している。

天才振付家の作品を踊り継ぎ、後世に伝えるバレエ団。来日公演も多い。写真は『魔笛』より。

1世紀の歴史を迎えた日本のバレエ

日本のバレエの歴史の始まりを帝劇にローシーがバレエ教師として着任した1912年とすれば、2012年でちょうど100年。

ヨーロッパやロシアの主要劇場のように、王侯貴族の庇護の下に、バレエ学校とバレエ団が組織されるというシステムをもたずに、日本のバレエ団は、民間主導で活動し発展してきた歴史がある。戦後、東京バレエ団が結成され、『白鳥の湖』全幕上演を実現させるが、メンバーが分裂し、各々のバレエ団で活動していく「群雄割拠」の時代が続き、そうした状況は現在もほぼ変わっていない。

国公立のバレエ学校が存在しない日本では、全国各地にある私設のバレエ教室が人材育成の場。近年、国際コンクールに入賞したり、海外のバレエ団で活動する若手が増え、踊り手のレベルは確実に向上している。しかし、舞踊家が社会的、経済的に自立できるシステム作りの点で課題は多い。

新国立劇場バレエ団

1997年に新国立劇場が開場して20年を経て、日本のバレエ界は大きく前進した。新国立劇場運営財団が運営する新国立劇場バレエ団は、日本で初めての専属劇場をもったバレエ団として、欧米の国公立バレエ団のモデルに近づいたと言える。舞踊芸術監督は、初代の島田廣に始まり、牧阿佐美、デヴィッド・ビントレー、大原永子が歴任、5代目として、2020年から吉田都が就任。2010～14年のビントレー時代は、『アラジン』や『パゴダの王子』など、オリジナル作品がレパートリーに入り、バレエ団がさらに活性化した。2014～20年の大原時代は『くるみ割り人形』や『眠れる森の美女』の新版と並び、ウィールドン振付『不思議の国のアリス』がオーストラリア・バレエ団と共同制作され、国際プロジェクトの一環に加わったのも意義深い。ダンサーの技術水準が向上し、主役級が複数キャストを組めるまでに成長したのも大きな成果である。

チャイコフスキー記念東京バレエ団（1964年創設）

2019年に創立55周年を迎え、内外で充実した記念シリーズを展開。創立初期から積極的に海外公演を行ってきたが、第34次海外公演は記念シリーズの白眉となり、通算775回の公演記録は快挙。古典から現代まで幅広いレパートリーを誇り、世界的振付家のベジャール、キリアン、ノイマイヤーから新作を提供されている。とりわけベジャール振付の『ザ・カブキ』は、バレエ団の代表作。2019年には、勅使川原三郎に委嘱した新作『雲のなごり』を初演、文化庁芸術祭大賞を受賞した。斎藤友佳理芸術監督（2015年～）による『くるみ割り人形』新制作もバレエ団の総力を結集した結果となった。ギエムやルグリ、マラーホフ、ザハーロワ、ボッレなど国際的スターとの共演を重ね、〝日本の生んだ世界のバレエ団〟として内外で高い評価を得ている。

鑑賞に役立つ44の言葉

バレエの基本用語集

バレエ用語はほとんどがフランス語。ここでは、バレエを鑑賞する際に知っておくと役に立つ基本の用語をご紹介します。

1 adage, adagio
アダージュ(仏語)、アダージョ(伊語)

音楽用語で「ゆっくり」の意。パ・ド・ドゥなどで女性が男性のサポートで踊る部分を指し、『白鳥の湖』の第2幕のオデットと王子のアダージョなどが有名。またレッスンの一つにもアダージョがある。

2 attitude
アチチュード

「態度」あるいは「姿勢」の意味。アラベスクで片足で立って、後ろに伸ばした足を曲げたポーズを指す。

3 à terre
ア・テール

「地面に」の意。足の裏全体を床につけた状態を指す。

4 arabesque
アラベスク

片足で立ち、もう一方の足を後ろにまっすぐ伸ばしたポーズのことで、バレエの中で最も美しいポーズの一つ。アラベスクとは、「アラビア風」または「唐草模様」の意で、唐草模様が無限に連なっていく様子から、バレエ用語に転用されたと言われる。

5 understudy
アンダースタディ

本役の踊り手が、急に舞台出演できなかった場合に備えて、控えている代役のこと。

6 en dehors
アン・ドゥオール

足を外側に開くこと。5つの足のポジションを基本とするダンス・クラシックによる踊りでは、パは、基本的にアン・ドゥオールが原則となっている。

7 entrechat
アントルシャ

空中に垂直にジャンプし、両足を素早く打ち合わせる動き。足を交差させる回数により、アントルシャ・カトル(4回)、アントルシャ・シス(6回)などがある。『眠れる森の美女』の青い鳥のヴァリエーションや『ジゼル』のアルブレヒトのヴァリエーションなどの見せ場となっている。

8 variation
ヴァリアシオン(仏語)、ヴァリエーション(英語)

「変奏曲」の意だが、バレエでは、パ・ド・ドゥのアダージョに続いて踊られる、男女それぞれのソロを指す。

9 échappé
エシャッペ

「逃げた」の意。5番ポジションから、両足で踏み切って、2番あるいは4番ポジションに着地し、再び跳んで5番ポジションに戻る動き。ポワントで立って行われる場合もある。

10 étoile
エトワール

フランス語で「星」の意。パリ・オペラ座バレエ団の最高位のスター舞踊手に贈られる称号。舞台ではその名にふさわしい燦然とした輝きが求められる。一般にほかのバレエ団のプリンシパルと同義で使われる。

11 cabriole
カブリオール

飛び上がって、空中で両足を打ちつけるパ。

12 gala
ガラ

バレエ公演の特別興行を指し、しばしば初日の公演を「ガラ」と銘打ち、特別なキャストや趣向で公演が行われることがある。またスターたちが結集するバレエ・コンサートをバレエ・ガラ・コンサートと銘打つことも多い。

13 character dance
キャラクター・ダンス

ダンス・クラシックの技法によった踊

りと区別され、スペイン、イタリア、ロシア、ポーランド、ハンガリーなどの民族舞踊を指す。また役柄の上では、『眠れる森の美女』のカラボス(写真左)や、『ラ・シルフィード』の魔女マッジなど、魔法使いや、道化、山賊、動物など特殊な性格をもった登場人物を「キャラクター」と言う。

14 classic ballet

クラシックバレエ

5つの足のポジションから発展したダンス・クラシックの技法をもとにしたバレエ。『白鳥の湖』や『眠れる森の美女』などは、その最高峰の作品。

15 grand pas de deux

グラン・パ・ド・ドゥ

19世紀に、マリウス・プティパが確立した古典バレエのパ・ド・ドゥの形式。最初に男女二人が一緒に踊るアダージョがあり、続いて男性ヴァリエーション、女性ヴァリエーション、最後は二人のコーダで締めくくられる。随所にテクニックの見せ場があり、古典バレエの華である。コンサートなどでこの部分だけ独立して上演される場合もある。『ドン・キホーテ』や『海賊』などがポピュラーである。

16 general probe

ゲネ・プロ

「ゲネラル・プローベ」の略。バレエの公演の本番直前に、メイクをして衣裳を着け、実際の舞台で本番通りに最初から最後まで通して行われる総稽古のこと。

17 coda

コーダ

パ・ド・ドゥの最後に、男女二人で踊られるフィナーレ。跳躍やグラン・フェッテなどテクニックの見せ場を競い、最も盛り上がる場面。

18 corps de ballet

コール・ド・バレエ

基本的に、クラシックのバレエ団で、主役の後ろで、群舞を踊る舞踊手たちのこと。『白鳥の湖』や『ジゼル』などの古典では、コール・ド・バレエの見せ場が数多く設けられ、その美しい配置や構図が、目を楽しませてくれる。

19 choreographer

コリオグラファー

振付家のこと。現代は、多彩な振付家の時代と言える。

20 contemporary dance

コンテンポラリー・ダンス

コンテンポラリーとは、「同時代」の意。広い意味では、20世紀の初めにアメリカで生まれたモダン・ダンス(現代舞踊)と同義語に使われる場合もあるが、一般にコンテンポラリー・ダンスと表現する場合は、現代の最先端のダンスという意味合いが強く、だいたい1980年代にフランスで起こった「ヌーヴェル・ダンス」以降、現在に至るまでの振付運動の流れを指す。

21 jeté

ジュテ

跳躍のこと。特に大きくダイナミックな跳躍をグラン・ジュテと言う。男女共に、華やかなテクニックの見せ場である。

22 ballet blanc

白いバレエ(バレエ・ブラン)

19世紀のフランスを中心に隆盛を極めたロマンティック・バレエの『ラ・シルフィード』や『ジゼル』の第2幕の白いチュチュを着て踊られる精霊たちの舞踊シーンを指す。後にロシアで生まれた『白鳥の湖』の第2幕の白鳥たちの踊りや『ラ・バヤデール』の第3幕の《影の王国》も白いバレエの代表的場面と言える。『レ・シルフィード』は現代のロマンティック・バレエで、これも白いバレエと言える。

23 soliste
ソリスト
主役やソロを踊る舞踊手のこと。バレエ団によって異なるが、団員は、技量や経験によって、ソリストとコール・ド・バレエに大別される。

24 danseur, dancer
ダンスール（仏語）、ダンサー（英語）
男性舞踊手のこと。女性は仏語ではダンスーズ（danseuse）。また、古典バレエで王子役を演じる男性舞踊手のことをダンスール・ノーブル（danseur noble）と言う。

25 tutu
チュチュ
チュールを幾重にも重ねて作られた女性舞踊手が着る衣裳。長い丈のチュチュをロマンティック・チュチュと言い、『ラ・シルフィード』でマリー・タリオーニが着用して以来、チュチュは、女性舞踊手の定番コスチュームとなった。プティパの時代に、短いクラシック・チュチュが開発された。

26 divertissement
ディヴェルティスマン
バレエの本筋とはあまり関係なく、独立して、いくつかの踊りを見せるもの。代表的なものに、『白鳥の湖』の第3幕の民族舞踊や『眠れる森の美女』の第3幕のペローの童話の主人公たちの踊り、『コッペリア』や『パキータ』の終幕の踊りなどがある。

27 tour en l'air
トゥール・アン・レール
「空中での回転」の意。宙に垂直に跳び上がったと同時に回転するパ。男性のソロには、必ずと言っていいほどこのパが盛り込まれ、テクニックの大きな見せどころとなっている。

28 pas
パ
ステップまたは踊りのこと。ステップとして使われる場合には、「パ・ド・ブレ」など、踊りとして使われる場合は「パ・ド・ドゥ」「グラン・パ」などがある。

29 pas de deux
パ・ド・ドゥ
一般に男女二人によるデュエット。バレエでは、古典、創作とも、パ・ド・ドゥが作品の中心になることが多い。三人の場合は、パ・ド・トロワ、四人の場合は、パ・ド・カトルと言う。

30 pas de bourrée
パ・ド・ブレ
ブレはオーベルニュ地方の民族舞踊を指し、「詰め込まれた」の意。パ・ド・ブレは「詰め込まれたパ」のこと。爪先で立ち、細かく足先を動かして移動するパ。『瀕死の白鳥』の振付は、ほとんどこのパ・ド・ブレで構成されている。

31 pirouette
ピルエット
「ピルエット」はこまの意。片足を軸にこまのように素早く回る回転技。1回転から3回転が普通だが、テクニックの向上した現代では4～5回転も。男性では10回転近い妙技を披露するケースも少なくない。

32 fish dive
フィッシュ・ダイヴ
女性舞踊手が、男性舞踊手に向かって飛び込み、頭を下に逆さに支えられたポーズで、魚の形に見えることからこう呼ばれている。『眠れる森の美女』第3幕のグラン・パ・ド・ドゥや『ドン・キホーテ』、『チャイコフスキー・パ・ド・ドゥ』に見られる。

33 fouetté
フェッテ
「鞭で打たれた」の意。一般に片足を軸に連続で回転を行う大技を指す。グラン・パ・ド・ドゥのコーダの32回のグラン・フェッテが有名。

34 plié

プリエ

「折られた」の意。両膝または片膝を曲げること。床から踵を離さないで曲げた「ドゥミ・プリエ」と、踵が離れる場所まで深く曲げた「グラン・プリエ」がある。プリエは、跳躍をする際など、バレエの動きの基本として大変重要で、レッスンにも神経が配られる。

35 prima ballerina

プリマ・バレリーナ

バレエ団の最高位のバレリーナ。主役を踊るにふさわしい容姿、プロポーション、テクニック、表現力などが求められる。帝政ロシア・バレエは、アンナ・パヴロワ、タマーラ・カルサーヴィナなど優れたプリマ・バレリーナを多数輩出した。

36 principal

プリンシパル

バレエ団で、主役を踊る舞踊手を指し、群舞を踊るコール・ド・バレエと区別している。パリ・オペラ座のように、プリンシパルの代わりに、エトワールの名称を用いている場合もある。

37 positions

ポジション

ポジションとは「位置」の意。手と足に複数のポジションがある。手のポジションは流派によって異なるが、足のポジションは、17世紀にルイ14世の舞踊教師であったピエール・ボーシャンが定めた5つのポジションが、ダンス・クラシックのパの基本となっている。

5つの足のポジション

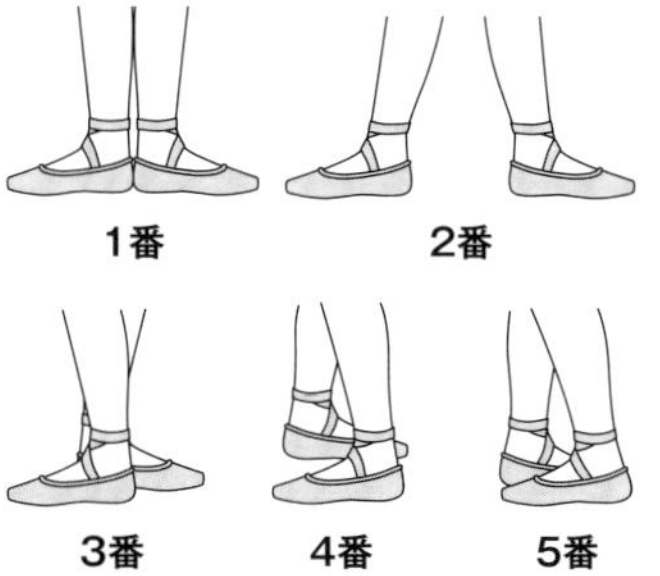

38 port de bras

ポール・ド・ブラ

腕の動きや運びのこと。足の動きと共にバレエでは重要で、レッスンでも特別に練習が行われる。ロシアのマリインスキー・バレエ団は、伝統的にポール・ド・ブラの美しさに定評がある。

39 pointe

ポワント

「爪先」の意で、バレエでは爪先で立つことやトウ・シューズを指す。

40 mime

マイム

踊りの代わりに、身振りや表情を使って表現するパントマイム。『ラ・シルフィード』や『パキータ』などロマンティック・バレエには、特に多く使われている。『白鳥の湖』で王女オデットが王子に自分の身の上を語る場面や、『眠れる森の美女』でカラボスがオーロラ姫に呪いをかける場面、『ジゼル』のジゼルとアルブレヒトの花占いの場面などがよく知られている。

41 manège

マネージュ

「調馬術」あるいは「メリーゴーランド」の意。回転や跳躍をしながら、舞台上に円形の軌跡を描いて進んでいく、華やかな技。パ・ド・ドゥのヴァリエーションやコーダで見られ、踊りを盛り上げる。

42 relevé

ルルヴェ

ルルヴェは、「持ち上げられた」の意。足を床上にフラットにつけた状態から、半分（ドゥミ）または完全なポワントまで伸び上がること。

43 leotard

レオタード

バレエのレッスンの際に着用する伸縮性のあるレッスン着。

44 révérence

レヴェランス

踊りが終わって、観客にお辞儀をする動作。

渡辺真弓　Mayumi Watanabe

舞踊評論家。お茶の水女子大学及び同大学院修士課程で舞踊教育学を専攻。オン・ステージ新聞社に勤務する傍ら、季刊『バレエの本』に寄稿。1990年『毎日新聞』に舞踊評を執筆し正式デビュー。1991~2006年パリ在住。舞踊専門紙誌に定期的に寄稿。2019年『週刊オン★ステージ新聞』編集長に就任。2015~2019年放送大学非常勤講師、2019年~共立女子大学非常勤講師、都立総合芸術高校特別専門講師としてバレエ史を教える。埼玉全国舞踊コンクール、クラシックバレエ2部（児童）審査員。文化庁及び芸術文化振興基金の各種委員を歴任。

著書に『日本のバレエ－三人のパヴロワ』『世界のバレエ学校』『チャイコフスキー三大バレエ』（新国立劇場運営財団情報センター /丸善出版）、『魅惑のバレエの世界~入門編』『パリ・オペラ座へようこそ－魅惑のバレエの世界』（青林堂）、『バレエの鑑賞入門』共著・『名作バレエ50鑑賞入門~これだけは知っておきたい』『ビジュアル版　世界の名門バレエ団~頂点に輝くバレエ・カンパニーとバレエ学校』（世界文化社刊）ほか。

瀬戸秀美　Hidemi Seto

写真家。1972年、『週間オン★ステージ新聞』で舞台撮影を始める。月刊『ダンス・マガジン』や季刊『バレエの本』創刊に携わる。以降、バレエを中心に国内外の舞台写真を専門に活躍。「ジョルジュ・ドン『ボレロ』」展など写真展も多い。舞台写真集に『DANCERS』（新書館）、『孤高の肉体 ファルフ・ルジマートフ写真集』（ヒット出版社）、『魅惑のとき BALLET DANCER』（あんず堂）、草刈民代写真集『BALLERINE』（幻冬舎）などがある。

日本写真家協会会員、日本舞台写真家協会会員。

装丁・本文デザイン：岩間佐和子
オフィスハル
編集協力：SANTACROCE
関根麻実子
校正：株式会社円水社
DTP制作：株式会社明昌堂
編集：川崎阿久里（世界文化社）

図版：兵庫県立芸術文化センター
薄井憲二バレエ・コレクション（※印）

撮影および写真協力：
アルス東京／NHK／光藍社／ジャパンアーツ／新国立劇場／新国立劇場バレエ研修所／TBSテレビ／東急Bunkamura／パリ・オペラ座バレエ・シネマ／フジテレビジョン／MIN-ON／MIYAZAWA&Co.

本書は小社刊『名作バレエ50鑑賞入門~これだけは知っておきたい』（2012年7月初版）を底本とし、紹介バレエの演目数を70作品に増補。舞台写真のダンサー所属などプロフィールは2020年、本書初版時のものです。またP178~186の海外バレエ団紹介は一部改訂し、2024年6月現在のものです。

名作バレエ70鑑賞入門
「物語」と「みどころ」がよくわかる

発行日：2020年8月5日　初版第1刷発行
2024年7月5日　第2刷発行

著者：渡辺真弓（文・監修）瀬戸秀美（写真）
発行者：岸　達朗
発行：株式会社　世界文化社
〒102-8187　東京都千代田区九段北4-2-29
編集部　電話03（3262）5118
販売部　電話03（3262）5115
印刷・製本：株式会社大日本印刷

ISBN 978-4-418-20210-2

本の内容に関するお問い合わせは、
以下の問い合わせフォームにお寄せください。
https://x.gd/ydsUz